DIOS ABSOLUTO

El ORIGEN DE LA ADORACIÓN

E.A. MONTOYA

 NYC Harvest Publishers

Dios Absoluto, el Origen de la Adoración
Copyright © 2016 por E.A. Montoya
Todos los Derechos Reservados.
Diseño de Portada: Iuliana Sagaidak

ISBN: 9780988901063

Las citas bíblicas de esta publicación han sido tomadas de la Reina-Valera 1960™ © Sociedades Bíblicas en América Latina, 1960. Derechos renovados 1988, Sociedades Bíblicas Unidas. Utilizado con permiso.

Ninguna parte de este libro puede ser reproducida en ninguna forma por medios mecánicos o electrónicos, incluyendo almacenaje de información y sistemas de reproducción sin permiso previo por escrito del autor.

Diseño de cubierta y formato: **Iuliana Montoya-Sagaidak**
Editorial: NYC Harvest Publishers
Editado en Barstow, California, Estados Unidos.

CATEGORIA: Religión / Vida Cristiana / Crecimiento Espiritual

IMPRESO EN ESTADOS UNIDOS DE AMERICA
PRINTED IN THE UNITED STATES OF AMERICA

CONTENIDO

Introducción.	7
Capítulo 1: Absolutamente Salvador	11
Capítulo 2: La Única Puerta	22
Capítulo 3: Absolutamente Vida	31
Capítulo 4: Absolutamente Verdad	41
Capítulo 5: Absolutamente Luz	52
Capítulo 6: Absolutamente Creador	62
Capítulo 7: El Dueño Absoluto de la Eternidad	73
Capítulo 8: Cristo, la Plenitud de Todo	85
Capítulo 9: Dios Todopoderoso	96
Capítulo 10: Ojos de Fuego	109
Capítulo 11: Dios Está en Todas Partes	120
Capítulo 12: El Inmutable Dios y Su Palabra	130
Conclusiones	146

INTRODUCCIÓN

Vivimos en una sociedad relativista. Nuestra sociedad está cada vez más cerca de la doctrina de que el conocimiento, la verdad y la moralidad tienen que ver únicamente con la cultura o con su ubicación dentro de un contexto histórico, en otras palabras, no son absolutas. En 1992 Churk Colson, aquel que fue consejero especial del presidente Richard Nixon de 1969 a 1973 y que luego se convirtió en un notable líder cristiano y comentador de los rasgos culturales de una sociedad contemporánea, escribió para *Christianity Today*, "Hubo un tiempo en que los Norteamericanos aceptaron los estándares absolutos. Ellos podrían no estar de acuerdo hasta qué punto algunos de estos estándares fueran o no totalmente absolutos, pero entendían que algunas cosas eran realmente 'estar bien' o 'estar mal'. Hoy el 70% de ellos rechaza la idea de que exista una moral absoluta". Este comentario se hizo hace muchos años, y puedo decir que hoy en día, nuestra sociedad no es mejor.

El relativismo moral es el punto de vista que dice que los estándares de moralidad, y posiciones de correcto o incorrecto son ideas basadas en la cultura y por ello sujetas a la elección de cada persona. En otras palabras, es sólo un asunto del punto de vida que una persona pueda tener; sin embargo, el punto de vista de Dios es más poderoso que el punto de vida de cualquier otra persona. ¿Cierto?

Tan sólo el título de este libro traería aversión para el mundo relativista en que vivimos, pero Dios ha puesto en tus manos este volumen para fortalecer tu fe con Su Palabra. A través de las páginas de este libro iremos a la Palabra de Dios para descubrir Sus absolutos y esta exploración producirá mayor amor por Él.

Si empezáramos a discutir las ideas en relación a las leyes naturales, la ley de la gravedad, por ejemplo, podríamos decir que la gente que vivió en el tiempo de Isaac Newton, su descubridor, pudiera estar a favor o en contra sus ideas, sin embargo, la ley de la gravedad siempre estuvo ahí, desde que Dios creó el mundo. De la misma manera, la idea de que Cristo Jesús es el Salvador del mundo es una idea absoluta y un punto de vista u otro no cambiarán este hecho. Y al aceptar esta verdad absoluta, derivamos que toda persona tiene el derecho de ser salva. Toda persona tiene el derecho de ser feliz aquí en la tierra siguiendo las enseñanzas de Cristo y de alcanzar la vida eterna.

De la misma manera nuestros valores absolutos nos impiden tener tolerancia ante aquel cuyo trabajo es entorpecer la llegada de la luz de la verdad al corazón humano, esto es, el diablo. No toleramos las operaciones del diablo en ninguna de sus formas. No toleramos una vida débil en Cristo, sino que nos levantamos con poder declarando las Escrituras. Hay una razón por la que el mundo no acepta la verdad de Dios y esto es, porque "el dios de este siglo cegó el entendimiento de los incrédulos, para que no les resplandezca la luz del evangelio de la gloria de Cristo, el cual es la imagen de Dios" (2 Cor. 4:4).

La corriente de este mundo es fuerte, pero aquellos que van contra esta corriente declaran la verdad, la verdad bíblica, y así derrotan al diablo y al sistema del mundo. Tampoco podemos cambiar los métodos de Cristo, aunque nuestros enemigos se empeñen en sugerir otros caminos. No se trata solamente de la filosofía Cristiana expresada a través de sofisticados métodos contemporáneos, se trata del método de Cristo, el cual sigue siendo el mismo: al diablo se le vence con la Palabra de Dios. Al diablo le gustaría que peleáramos con argumentos meramente humanos, con lógica terrenal y de esta manera dejemos la Biblia a un lado. Alguna vez escuché esta palabra: "Deja ahí tu Biblia y vamos a hablar en mi lenguaje". Sin embargo, no podemos intercambiar el mensaje dado por Dios por otras cosas, porque la Palabra de Dios no sólo es un arma poderosa contra el enemigo, es la *única* arma que hará que seamos victoriosos contra sus argumentos. Tomemos el yelmo de salvación, y la espada del Espíritu, la cual es la Palabra de Dios (Ef. 6:17).

Podremos leer estadísticas sobre lo que sucede en nuestra sociedad hoy en día, pero el fin de este libro no es repasar las declaraciones de victoria del diablo, estamos aquí para declarar la Palabra de Dios y dejar que el Espíritu Santo trabaje en nuestras mentes y corazones.

Dios es un Dios de absolutos y presentaré en este libro las declaraciones del Señor, de la verdad de Dios y no únicamente lo que nuestras mentes puedan pensar. No lo que un convencimiento meramente filosófico podría demostrar, sino lo que Dios mismo ha declarado de Él. Por ello este libro es un libro de exposición bíblica y no un libro de razonamiento humano o argumentación en respuesta a los escépticos. Comprobaremos que la Palabra de Dios por sí sola es suficiente para convencer al hombre sobre su condición espiritual. Nadie puede escapar de la verdad de Dios y esta verdad le hace libre. La poderosa Palabra de Dios nos hará libres y nos hará caminar por la senda correcta y nuestras ideas acerca de Él cambiarán cuando sepamos más exactamente la verdad acerca de Él.

Los insensatos demandarán evidencia fuera de la Biblia, pero no hay mayor evidencia que lo que Dios mismo ha dicho. Si por ejemplo, quisiéramos aplicar una nueva ley perteneciente a cierto tema de impuestos, debemos ir a la última publicación del IRS, esta es nuestra evidencia. Pues bien, la Palabra de Dios es la evidencia universal de la verdad.

Por lo tanto abramos nuestras Biblias y empecemos a analizar lo que Dios dice de un Salvador absoluto llamado Cristo Jesús de Nazaret, este es el primer capítulo. En el segundo iremos por la puerta absoluta, la única puerta que nos pone a salvo y en el cielo. En el capítulo siguiente, el tres, veremos juntos el significado de la vida. Tenemos también la evidencia de que Jesús es la verdad absoluta y que Él tiene estándares absolutos, esto está contenido en el capítulo cuatro. La hermosa Palabra de Dios continúa brillando en el capítulo cinco que bien podría titularse: "Ni una pizca de oscuridad", en este capítulo hablaremos de la oscuridad, la luz y la fuente de ella. El capítulo seis explica asuntos de la creación, la re-creación y Su Creador y Re-creador. Hay un solo Dueño de la eternidad y ese es nuestro Dios, nadie puede cambiar o manipular la eternidad, sólo Dios, el Señor eterno de todo. Esto se trata en el capítulo siete. Incluyo un capítulo poderoso que trata de las ideas acerca de un Dios cuya plenitud está en Cristo Jesús, el capítulo ocho. Tres bellos capítulos tratan de algunos de los atributos más significativos de Dios: Todopoderoso (capítulo nueve), Omnisciente (capítulo diez); y Omnipresente (capítulo once).

Finalmente, aunque sabemos que Dios envuelve absolutamente todo y que Él es soberano y lo que ha dicho no se podrá cambiar jamás, clarificaremos la frecuente confusión entre la soberanía de Dios y el Dios que nunca cambiará Su mente, esto está contenido en capítulo doce.

Oro porque el Señor nos ayude a entender tan enormes conceptos acerca de Él, sin embargo, oro que podamos aplicarlos a nuestro caminar por las calles de esta vida temporal que vivimos, y que haciéndolo, podamos prepararnos para la real y permanente cuando estemos con ese Dios absoluto por la eternidad.

Oro también que la lectura de este libro nos dé más razones para adorar al Dios maravilloso que tenemos, pues el conocimiento de quién es Dios y qué Él ha hecho es el origen tanto en nuestra mente como en nuestro corazón de la más profunda adoración. ¡Adoremos al que vive y reina por los siglos!

ABSOLUTAMENTE SALVADOR

Existen algunos métodos para medir la capacidad intelectual, uno de ellos es el examen desarrollado por MENSA y se considera, que quienes pasen este examen con cierto *score,* entran al club de los más inteligentes sobre la faz de la tierra. Un IQ de 132 te coloca entre el 2% de los más inteligentes según la escala de Stanford Binet.

He escuchado que algunas compañías exigen altas calificaciones para obtener un empleo en ellas. La revista 'Fobes' reporta que la compañía McKinsey & Company está en el primer lugar de las entrevistas más difíciles del mundo. Roll Royces, Facebook, Google, Microsoft, son algunas de las compañías cuyos exámenes y calificaciones son los más estrictos del mundo también. Si tú actualmente trabajas en una de estas empresas, seguramente tuviste que mostrar capacidades y habilidades sobresalientes antes de ser elegido para alguna de sus posiciones.

Los estándares de Dios para otorgar el trabajo de ser Salvador de la Humanidad fueron tan altos que nadie en la historia jamás pudo alcanzarlos. Estas calificaciones son mencionadas en el libro de Hebreos: "santo, inocente, sin mancha, apartado de los pecadores, y hecho más sublime que los cielos" (Hebreos 7:26). Sólo Jesús fue aprobado por Dios y calificado para ser el

Salvador del mundo. Pedro dijo por el Espíritu Santo: "Jesús nazareno, varón aprobado por Dios entre vosotros con las maravillas, prodigios y señales que Dios hizo entre vosotros por medio de él, como vosotros mismo sabéis" (Hechos 2:22). Jesús fue probado y resultó aprobado por Dios.

¿Necesito un salvador? - alguien me dijo alguna vez. Aún la Biblia Satánica, escrita por un hombre poseído por el diablo, Anton LaVey, declara: "Tu no necesitas un salvador, tú eres tu propio salvador". Sin embargo, si la humanidad está perdida, muerta y sin esperanza; si la humanidad está sucia y separada de Dios y condenada al infierno, tal como se menciona en Romanos 3:23 y Romanos 1:18-32, entonces sí necesitas un Salvador.

Los requerimientos de Dios fueron tan altos que Juan lloró al pensar que nadie en el universo entero fuera digno de abrir el libro de la vida y desatar sus sellos, está escrito: "Y ninguno, ni en el cielo ni en la tierra ni debajo de la tierra, podía abrir el libro, ni aún mirarlo" (Apocalipsis 5:3).

¿Quién sería el Salvador de esta humanidad? Dios entonces responde y dice: "Yo, yo Jehová, y fuera de mí no hay quien salve" (Isaías 43:11). Tenemos por naturaleza la idea de buscar varias opciones, si por ejemplo no nos gusta una compañía nos vamos a otra. Si no nos gusta el producto de cierta marca nos vamos con la competencia. Odiamos los monopolios. De la misma manera condenamos a los comerciantes que no dan oportunidad a otros para competir bajo el mismo tipo de producto o servicio. Aplaudimos lo que hizo Novell al demandar a Microsoft en 2004 bajos los cargos de monopolio. Sin embargo, ¿Quién podría demandar al Dueño del Universo cuando Él mismo declara que Él es el único Salvador de la humanidad? Dios amó tanto al mundo que no quiso poner el asunto de Su salvación en otras manos, excepto las de Jesús.

Entonces, Dios dijo: "Mirad a mí, y sed salvos, todos los términos de la tierra, porque yo soy Dios, y no hay más" (Isaías 45:22). ¡Mirad a mí! Esto está puesto en la práctica cuando Dios dice a Moisés: "Hazte una serpiente ardiente, y ponla sobre un asta; y cualquiera que fuere mordido y mirare a ella, vivirá. ⁹Y Moisés hizo una serpiente de bronce, y la puso sobre un asta; y cuando alguna serpiente mordía a alguno, miraba a la serpiente de bronce y vivía" (Números 21:8-9). Miles de años después, Cristo hace alusión a Él mismo en Juan capítulo 3 al mencionar este pasaje.

Ahora todo aquel que pone sus ojos en Cristo Jesús, el Hombre aprobado por Dios es salvo. Juan, aunque fue testigo de la resurrección de Cristo, no pudo reconocerle como el único Salvador del mundo en ese sensible momento hasta que uno de los ancianos se acerca a él y le dice: "No llores. He aquí que el León de la tribu de Judá, la raíz de David, ha vencido para abrir el libro y desatar sus siete sellos" (Apocalipsis 5:4).

Jesús es el único aprobado por Dios para ser el Salvador. Él y absolutamente sólo Él.

El Cordero de Dios

"Y el siguiente día vio Juan a Jesús que venía a él, y dijo: He aquí el Cordero de Dios, que quita el pecado del mundo" – Juan 1:29

¿Quién le dijo a Juan el Bautista que Jesús era el Cordero de Dios? Si la respuesta no es que fue el Espíritu Santo, entonces no hay respuesta. Nadie imaginó al Mesías como un cordero hasta que Juan lo declaró, aún Isaías dijo del Mesías que sería "como un cordero" (Isaías 53:7), pero nunca nadie antes dijo que el Mesías sería "El Cordero de Dios" tal y como Juan lo hizo. Cristo acudió a Juan, no por casualidad, sino porque era necesario su testimonio. Un cordero es el animal más manso que existe sobre la tierra. La palabra griega <*praos*> que se traduce como "manso" significa gentil, bondadoso, perdonador, suave, benevolente, humano, no de fácil provocación, listo para ceder antes que para causar problemas.

Jesús fue aprobado por Dios para ser el Salvador absoluto del mundo porque el cedió ante el Todopoderoso. Nuestro Dios tuvo un carácter muy fuerte y poderoso, pero al mismo tiempo Él fue como Moisés, el hombre más manso que hubo sobre la faz de la tierra (lee Núm. 12:3). Jesús fue "violento" contra la maldad, pero manso ante Dios. Él fue directo, al punto, como una flecha, "saeta de salvación de Jehová" (2 R. 13:17) para cumplir la voluntad de Dios, por lo tanto, Él fue elegido y separado por el Padre para ser el Salvador de todo ser viviente en el mundo.

Este Cordero, inmolado desde antes de la fundación del mundo (Apo. 13:8), fue herido en la casa de Sus amigos. Alguien preguntó a Cristo: "¿Que heridas son estas en tus manos?", entonces Él contestó: "con ellas fui herido en casa de mis amigos" (Zac. 13:6).Estos "amigos" no sólo son los judíos sino todos nosotros, siendo tenidos como amigos de Jesús, le traicionamos e inmolamos. Nosotros matamos a Jesús voluntariamente. Somos culpables de Su muerte porque Él es inocente y nosotros los únicos agresores. Entonces fue Él, en Su mansedumbre, quien gentilmente nos llama "amigos".

Cuando nosotros reconocemos a Jesús como la víctima y nosotros como Sus agresores venimos a Él y este versículo es cumplido:" Y derramaré sobre la casa de David, y sobre los moradores de Jerusalén, espíritu de gracia y de oración; y mirarán a mí, a quien traspasaron y llorarán como se llora por hijo unigénito, afligiéndose por él como quien se aflige por el primogénito" (Zacarías 12:10). Una salvación real viene cuando tenemos este espíritu; un espíritu de arrepentimiento, espíritu de gracia y súplica cuando vemos las heridas que le causamos.

Nuestro Salvador absoluto necesita ser primero en nosotros el Cordero de Dios quien fue herido en casa de Sus amigos. Aunque Él es el Rey, es presentado como el Cordero de Dios más frecuentemente en el Nuevo Testamento: Aún Juan el apóstol, inspirado por el Espíritu Santo, menciona a Jesús 28 veces en el libro de Apocalipsis con el título de "Cordero de Dios", y en ningún otro libro de la Biblia se da tanto ese título a Cristo Jesús como en Apocalipsis. ¿Por qué? Porque si Cristo no hubiese sido el Cordero de Dios tampoco pudiere ser el Salvador. Gracias a Dios porque Jesús es el Cordero de Dios que quita el pecado del mundo.

Cuerda de Amor de Dios

"Con cuerdas humanas los atraje, con cuerdas de amor; y fui para ellos como los que alzan el yugo de sobre su cerviz, y puse delante de ellos la comida" –Oseas 11:4

La cueva de Krubera es la cueva más profunda conocida sobre la faz de la tierra. Está localizada en Georgia, un país pequeño en el Cáucaso, región de Euroasia, entre Rusia y Turquía.

La diferencia en altitud entre la entrada a la cueva y su punto más bajo explorado es 2,200 metros (7,220 ft). Se convirtió en la cueva de más profundidad en el año 2001 cuando una expedición de la Asociación Ucraniana de Espeleología alcanzó la profundidad de 1,710 m (5,610 ft) cifra que excedió la alcanzada en la cueva de Lamprechtsofen, en los Alpes Austriacos por 80 m. En el año 2004, por primera vez en la historia de la Espeleología (ciencia que estudia la naturaleza, el origen y formación de cavernas, y su fauna y flora), la Asociación Ucraniana de Espeleología hizo una expedición en la que se logró alcanzar una profundidad superior a los 2000 m, explorando la cueva a una profundidad de -2080m (-6,824 ft). El buzo ucraniano Gennadiy Samokhin extendió la cifra de profundidad buceando en el sumidero de la cueva estableciendo los records mundiales de 2,191 m y de 2197 en los años 2007 y en 2012, respectivamente. Krubera permanece hasta el día de hoy como la cueva más profunda sobre la tierra con una profundidad mayor a los 2,000 metros.

Ahora imagina las cuerdas que Gennadiy Samoknin necesitó usar para asegurar su propia vida para alcanzar tan tremenda profundidad. La Biblia nos dice que Dios preguntó a Job: "¿Has entrado tú hasta las fuentes del mar, y has andado escudriñando el abismo? (Job 38:16). Antes que Gennadiy, Dios caminó en la cueva de Krubera y ató la humanidad con la cuerda de amor llamada Cristo Jesús. Él la trajo hasta la superficie a salvo con Su amor, tanto que David escribió: "Y me hizo sacar del pozo de la desesperación, del lodo cenagoso; puso mis pies sobre peña y enderezó mis pasos" (Salmos 40:2).

Daniel supo lo que es estar en lo profundo de un foso cuando el terror de leones hambrientos estuvo alrededor de él, pero Dios salvó su vida. Daniel no fue el único. No puedo imaginar la angustia y desesperación que sufrió José cuando fue lanzado a una cisterna sin agua por sus hermanos movidos por envidia. Estos hermanos de José, años más tarde, recordaron esta angustia, pues la Biblia registra: "Y decían el uno al otro: Verdaderamente hemos pecado contra nuestro hermano, pues vimos la angustia de su alma cuando nos rogaba, y no le escuchamos; por eso ha venido sobre nosotros su sangre" (Génesis 42:21).

Estar en la profundidad de un foso debe ser enloquecedor. Sin avance, sin luz, sin mundo real, tan sólo paredes de tierra alrededor. Esto fue exactamente lo que sufrió Jeremías cuando fue arrojado a la cisterna de Malquías, el hijo de Hamelec (Jer. 38:6); la Biblia dice que en lo profundo de la cisterna no había agua sino cieno.

Jesús es el Salvador absoluto, quien trajo a Daniel, a José y a Jeremías fuera de sus pozos. Él nos ha rescatado de la desesperación y de situaciones ruines, lugares en donde la cueva de Krumbera es nada. Él nos salvó del abismo del infierno. Algunos estudiosos han opinado que el infierno se localiza en lo más profundo de la tierra basándose en pasajes como Efesios 4:9. Esta es una profundidad mayor a la alcanzada por Gennadiy. Este hombre, para lograr su expedición, necesitó un grupo de 59 personas de distintas naciones, 31 tanque de oxígeno, 150 litros de petróleo para estufa, 500 kilogramos de comida, 3,000 baterías, etc., y sobre todo mucha inteligencia humana y habilidad física. Pero Dios sólo necesitó una cuerda de amor para salvarnos del infierno y esta cuerda de amor se llama Jesús.

Él Quitó el Pecado de Toda la Humanidad en un Sólo Día

"...y quitaré el pecado de la tierra en un día" –Zacarías 3:9

En este capítulo 3 del libro de Zacarías podemos ver varios personajes: El Ángel de Jehová, Josué y Satanás. Satanás está a la mano derecha para acusar a Josué, pero antes de que satanás pronunciara su primera palabra, Jesús le dijo: "Jehová te reprenda, oh Satanás". Jesús, usando Su enorme autoridad de Dios hizo callar a satanás. Entonces Dios ordenó que fuesen quitadas de Josué sus vestiduras viles y fuera vestido con ropas de gala. Esta es una ceremonia simbólica del tiempo cuando Dios quitaría a través de Cristo, aquí llamado también "el Renuevo" (Zac. 3:8), el pecado de todo el mundo.

Algunas religiones enseñan cómo una persona puede ir cambiado paso a paso, poco a poco. Otros podrían proclamar que existe un "proceso de salvación" o bien "terapia de salvación", pero Dios ha dicho que nuestra liberación se operó en un sólo día. Nosotros nacimos de nuevo en un solo día. Hubo un día que Dios quitó el pecado de todo el mundo y cuando recibimos a Jesús, ese mismo día, somos efectivamente salvos por la fe en Él.

El libro de Isaías dice: "¿Quién oyó cosa semejante? ¿Quién vio tal cosa? ¿Concebirá la tierra en un día? ¿Nacerá una nación de una vez?" (Isaías 66:8). Y esa nación santa, linaje escogido, real sacerdocio y pueblo adquirido por Dios nació el día en que Cristo Jesús murió por nosotros en la cruz, y cuando Él se levantó de la tumba, nuestra vida a través de Él fue garantizada.

Podemos distinguir un día, el día cuando nacimos de nuevo, el día cuando este Salvador Absoluto vino a nuestros corazones. El día cuando fuimos llamados al arrepentimiento (Lucas 5:32), entonces nosotros escuchamos Su dulce voz, y estuvimos de pie en el valle de la decisión, "porque cercano está Jehová en el valle de la decisión" (Joel 3:14).

La versión Reina-Valera ha traducido propiamente Isaías 33:6 cuando dice: "Y reinarán en sus tiempos la sabiduría y la ciencia, y abundancia de salvación; el temor de Jehová será su tesoro". La palabra hebrea traducida como "abundancia" es <chosen> que significa riquezas, tesoros. La *King James Version* la traduce como *"fortaleza"*. Esta tremenda profecía de Isaías nos dice que en los tiempos después de Cristo y por ende los tiempos de la iglesia, habría abundancia de salvación y esta abundancia de salvación empezó cuando Jesús murió en la cruz. Hoy tenemos abundancia de salvación, y mucha gente de todas partes del mundo está reconociendo a Jesús como su Salvador y Señor, aún los musulmanes están escuchando el mensaje de salvación. Aún gente de la India o de China y otros lugares extremadamente populosos del mundo.

Un sólo día fue suficiente para Dios para quitar de un sólo golpe la montaña de pecados cometidos por millones de hombres y mujeres a través de la historia. Jesús dijo a los fariseos: "De cierto os dijo, que los publicanos y las rameras van delante de vosotros al reino de Dios" (Mateo 21:32). Hoy en día mucha gente de las cárceles y barrios bajos están viniendo a Jesús en un sólo día, en cuestión de segundos, el Señor nuestro Dios cambia sus vidas a través de Jesús, el Salvador absoluto. Nuestra salvación no es lograda gradualmente sino que nacemos de nuevo en un sólo día ¡Gloria a Dios!

Salvador del Pobre

"Tendrá misericordia del pobre y del menesteroso, y salvará la vida de los pobres" –Salmos 72:13

La Biblia nos dice que el pobre tiene una buena posición para alcanzar vida eterna. Muchas veces las riquezas son un obstáculo para alcanzar la salvación del Señor. ¿Por qué? Porque las riquezas y el orgullo muchas veces van de la mano en una persona. Santiago dice: "Hermanos míos amados, oíd: ¿No ha elegido Dios a los pobres de este mundo, para que sean ricos en fe y herederos del reino que ha prometido a los que le aman?" (Santiago 2:5). En nuestros días algunos predican que un Cristiano debe ser rico, pero Dios recomienda más bien ser pobre para ser "rico en fe". Otra escritura dice: "Hay quienes pretenden ser ricos, y no tienen nada; y hay quienes pretenden ser pobres, y tienen muchas riquezas" (Proverbios 13:7). Hay por tanto algunos ricos que se hicieron asimismo pobres para entrar en el reino de Dios.

Dios requiere humildad de corazón. Nos dice la Palabra: "Bienaventurados los pobres en espíritu, porque de ellos es el reino de los cielos" (Mateo 5:3). Es mejor ser económicamente pobre y rico en fe, que ser rico económicamente e ir al infierno. Jesús advirtió: "Más fácil es pasar un camello por el ojo de una aguja, que entrar un rico en el reino de Dios" (Marcos 10:25). Por lo tanto, es un privilegio tener un fácil acceso al reino de Dios sin el obstáculo de las riquezas. Desde luego que un rico también puede ser salvo porque para Dios todas las cosas son posibles, nos dice el mismo pasaje de Marcos 10, pero muchas veces la tendencia de la gente rica es tener simplemente una religión pero no una verdadera relación con Jesús.

Jesús es el absoluto Salvador del pobre porque su alma está necesitada, y la humildad es el mejor terreno para crecer en el espíritu. ¡Qué esperanza tan enorme tiene el pobre cuando escucha el evangelio decir que tiene en Cristo las riquezas inigualables del reino de Dios! Por otro lado la felicidad que un rico proclama tener con sus riquezas es intercambiada por el verdadero regocijo y satisfacción que se logra únicamente con la Palabra de Dios cuando le dice: "tú eres mi hijo amado en quien tengo complacencia". La ciudad fortificada y el muro de las riquezas en la imaginación del rico (Prov. 18:11) es intercambiado por el poder del Dios Todopoderoso.

Jesús es esperanza para el pobre. Hay más de 50% de la población mundial que vive con menos de $2.50 dólares americanos al día y un 80% de la población de la tierra vive con $10 USD o menos. Uno de cada 3 niños en el mundo (Aprox. 640 millones) viven sin un refugio digno. Por ello, es que vamos al mundo, no a enseñarles como ser ricos, sino cómo asirse de Cristo Jesús, nuestro absoluto Salvador quien generosamente nos da gozo, paz y una limpia conciencia (Ro. 14:17; Heb. 9:14).

Jesús, hablando acerca de Su propio ministerio, dijo: "El Espíritu del Señor está sobre mí, Por cuando me ha ungido para dar buenas nuevas a los pobres; Me ha enviado a sanar a los quebrantados de corazón; A pregonar libertad a los cautivos, Y vista a los ciegos; A poner en libertad a los oprimidos; A predicar el año agradable del Señor" (Lucas 4:18-19).

Jesús es la respuesta para la humanidad, todos y cada uno tiene acceso a la vida eterna y a los beneficios del evangelio. Cada uno, al recibir al Señor Jesús, recibe con Él las riquezas de Dios y se vuelve rico en Él (1 Cor. 1:5), y no importa su condición, Él le tomará y le hará entonces obtener Su maravillosa salvación.

La Más Grande Pregunta, la Más Grande Respuesta

Hubo un joven rico que vino corriendo e hincó la rodilla delante de Jesús y le dijo: "Maestro bueno, ¿qué haré para heredar la vida eterna?" (Marcos 10:17). Él fue humildemente ante el Señor dispuesto a recibir Su consejo porque estaba interesado, no en ser feliz en esta tierra solamente, sino en ser feliz eternamente. Posiblemente él hubo conocido algo de la felicidad en esta tierra, pero no entendía lo que significaba el gozo verdadero al estar en la presencia del Señor justificado, tal como David lo expresó por el Espíritu: "Bienaventurado aquel cuya transgresión ha sido perdonada, y cubierto su pecado" (Salmos 32:1); sin embargo, aun y que este joven rico entendió la importancia de asegurar su eternidad, él no estuvo dispuesto a pagar el costo de seguir a Jesús. La manera de alcanzar la vida eterna era seguir a Jesús después de pagar el costo de dejar sus riquezas materiales. La más grande de las preguntas fue respondida correctamente con la más grande de las respuestas, pero este joven rico no estuvo dispuesto a obedecer Sus instrucciones.

También otro vino a Cristo con la misma pregunta. Era esta vez un intérprete de la ley, aunque éste preguntaba para probar al Maestro. Nos dice el texto: "Y he aquí un intérprete de la ley se levantó y dijo, para probarle: Maestro, ¿haciendo que cosa heredaré la vida eterna?" (Lucas 10:25). Este hombre preguntó la más grande de las preguntas, pero tuvo intenciones oscuras, porque preguntó con el afán de probar a Jesús y no porque estuviera preocupado por su propia salvación.

Sin embargo, hubo un hombre con la pregunta correcta, las intenciones correctas y la voluntad de seguir las instrucciones que Cristo le diera. Este fue el carcelero de Filipos. Él después de que Pablo milagrosamente evitara su suicidio, preguntó: "Señores, ¿qué debo hacer para ser salvo?" (Hechos 16:30).

La respuesta de Dios revelada por Cristo está escrita en los evangelios. Jesús dijo: "El que creyere y fuere bautizado será salvo" (Marcos 16:16). Asimismo Pablo dijo: "Si confesares con tu boca que Jesús es el Señor, y creyeres en tu corazón que Dios le levantó de los muertos, serás salvo" (Romanos 10:9). También el Apóstol Pedro dijo: "Todo aquel que invocare el nombre del Señor será salvo" (Hechos 2:21).

La respuesta de Pablo, inspirado por el Espíritu de Dios para el carcelero filipense fue: "Cree en el Señor Jesucristo y serás salvo, tú y tu casa" (Hechos 16:31).

Nota que la promesa de Dios de "serás salvo" se cumple después de seguir Su requerimiento que es creer en Jesús como Salvador y Señor con todo el corazón, es decir, cuando estemos dispuestos a servirle.

LA ÚNICA PUERTA

En el templo reconstruido por Herodes había 7 puertas. Dos de ellas localizadas en el sur, llamadas Puertas de Hulda; otra en el Este, llamada Susa o Puerta Dorada; la puerta de Las Ovejas al norte, la puerta de Shallecheth o Coponius al oeste (diametralmente opuesta a la puerta de Susa); otra más de gran importancia, la entrada al atrio de las mujeres desde el pórtico de Salomón, la puerta La Hermosa, mencionada en Hechos 3 y finalmente la Puerta de Nicanor. La Puerta de Nicanor es posiblemente la puerta más interesante, porque de acuerdo a Josefo (historiador Judío del primer siglo) esta puerta fue llamada así porque un milagro fue hecho ahí al tiempo que Nicanor, príncipe de Grecia, era muerto.

Josefo también escribió: "Había 15 escalones ascendentes desde la partición del muro de las mujeres a la puerta más grande" El Talmud también dice: "El hombre religioso, hombre de buenas obras, sosteniendo antorchas en las manos, danza y canta. Los levitas con arpas, liras, címbalos, trompetas y muchos otros instrumentos musicales, van por los quince escalones que llevan al Atrio de las Mujeres de acuerdo a los quince salmos graduales" Este gozo tiene el símbolo del máximo lugar que el judío varón podría alcanzar antes de Cristo, "El Atrio de Israel".

Estas puertas dan la idea de cierta discriminación. Gentiles, mujeres, sacerdotes, Israel... cada cual tenía su propio lugar y sus restricciones de entrada. Por ejemplo, los gentiles no podía entrar más allá del Atrio de los Gentiles y las mujeres judías no podían entrar por la puerta de Nicanor al Atrio de Israel. Ninguno que no fuera un sacerdote podría entrar al Atrio de los Sacerdotes y sólo el Sumo Sacerdote, podía entrar al Lugar Santísimo una vez al año.

Sin embargo, con la venida, vida, pasión, crucifixión y resurrección de Cristo todo cambió. La Biblia dice: "Ya no hay judío ni griego, no hay esclavo ni libre; no hay varón ni mujer, porque todos vosotros sois uno en Cristo Jesús" (Gálatas 3:28).

El milagro es el siguiente: con Cristo todas las demás puertas quedan eliminadas y a través de Él, la Única Puerta, nosotros podemos entrar al Lugar Santísimo. Está escrito: "Porque hay un solo Dios, y un solo mediador entre Dios y los hombres, Jesucristo hombre" (1 Timoteo 2:5).

El escritor de los Hebreos también dijo: "Así que hermanos, teniendo libertad para entrar en el Lugar Santísimo por la sangre de Jesucristo," (Heb. 10:19). Por ello es que no se ocupan ya ninguna de las puertas que tuvo el Templo de Herodes, tenemos la Única Puerta llamada Jesús.

Hombres y mujeres insisten en construir restricciones para entrar al cielo. Parece que hay religiones e iglesias que dificultan el camino a Dios en lugar de ayudar a conocerlo, y a pesar de todo, Cristo continúa siendo la Única Puerta. Una puerta da la idea de más intimidad, mientras que las puertas del templo eran más bien portones, puertas grandes, que dan la idea de lugares públicos donde multitudes podrían entrar. Sin embargo Cristo Jesús es personal, Él trata individualmente a cada uno. En el libro de Juan podemos leer siete historias de los encuentros personales de Cristo con personas con las que tuvo diálogos. Seguramente hubo muchos otros encuentros personales que no están narrados en los evangelios. Hoy Cristo Jesús trata con nosotros uno a uno y muchos tratos personales al mismo tiempo en Su Omnipresencia.

La Única Puerta llamada Jesús de Nazaret, es mencionada en los Salmos: "Esta es puerta de Jehová, Por ella entrarán los justos" (Salmos 118:20). Hoy espiritualmente no existe ninguna puerta de Las Ovejas, Puerta de Hulda, Puerta Dorada, Puerta de Coponius, Puerta La Hermosa o Puerta de Nicanor, existe una sola puerta y esta se llama Jesús de Nazaret.

La Única Puerta a la Santidad

"¿Quién hará limpio a lo inmundo? Nadie" –Job 14:4

En este pasaje, el traductor y revisor Reina y Valera añaden la palabra "lo" para que la frase tenga sentido en español, y esto puede referirse tanto a una cosa como a una persona: Lo inmundo, o el inmundo. Job, inspirado por el Espíritu Santo, habló en tiempos previos al advenimiento de Cristo. Nadie antes de Cristo podría ser limpio de su propia condición de inmundicia, ni ahora, pero en tiempos de Job, Cristo aún no había venido. La misma pregunta fue hecha también por Jeremías cuando dijo por el Espíritu: "¿Mudará el etíope su piel y el leopardo sus manchas? Así también, ¿podréis vosotros hacer bien, estando habituados a hacer mal?" (Jeremías 13:23). No hubo un Sustituto para el pecador, y los escritores del Antiguo Testamento hablaron de acuerdo a la esperanza de salvación, como David escribió: ¡Tu salvación he esperado, oh Jehová, y tus mandamientos he puesto por obra!" (Salmos 119:166). Ellos tuvieron la esperanza (y hablaron proféticamente) acerca del Señor, del Salvador que vendría a purificar la humanidad de su pecado.

La profecía dice: "Os daré corazón nuevo, y pondré espíritu nuevo dentro de vosotros y quitaré de vuestra carne el corazón de piedra, y os daré un corazón de carne. [27]Y pondré dentro de vosotros mi Espíritu, y haré que andéis en mis estatutos, y guardaréis mis preceptos, y los pongáis por obra" (Ezequiel 36:26-27)

Caminar en los estatutos del Señor guardando Sus preceptos fue el sueño de toda persona bien intencionada, pero el cumplimiento de la profecía no tuvo lugar hasta que Jesús dijera: "Hoy se ha cumplido esta palabra delante de vosotros" (Lucas 4:21).

El libro de Hebreos habla de Cristo como la única puerta a la santidad cuando dice: "En esta voluntad somos santificados mediante la ofrenda del cuerpo de Jesucristo hecha una vez para siempre "(Hebreos 10:10). Somos santos debido al sacrificio del cuerpo de Jesús.

La gente religiosa continúa tratando de ser santa a través de sus ritos y prácticas, pero Dios les dice: "porque la sangre de los toros y machos cabríos *(prácticas religiosas)* no pueden quitar los pecados" (Hebreos 10:4, ver también Heb. 10:1, 9:9). Es imposible entrar en santidad por otra puerta excepto por Jesús, ni aún por las buenas obras de una bien diseñada religión ceremonial.

Sin embargo, damos gracias a Dios porque hemos entrado por la Puerta llamada Cristo Jesús por la fe y ahora gozamos de la santidad que Él trajo a nosotros por Su sangre preciosa.

Por otro lado, hoy en día algunos Cristianos, quizá en el afán de no ofender a nadie, insisten que la iglesia de Cristo está compuesta por pecadores, y basan sus declaraciones en algunos versículos bíblicos que ellos mismos han torcido. Sin embargo, si esto es así, si decimos que la iglesia que Cristo ha santificado es al mismo tiempo compuesta por pecadores, hacemos a Dios mentiroso porque Él prometió santidad para nosotros y Él efectivamente cumple Su Palabra cuando decidimos entrar por la Puerta llamada Jesús de Nazaret. Este es uno de los más grandes temas de la Biblia.

Y por supuesto, gente que no anda en la luz de Jesús, son

pecadores y necesitan tener arrepentimiento y fe en Cristo para entrar en el gozo de Dios, exactamente como los que conformamos la iglesia del Cordero tuvimos. El Apóstol Juan denuncia que hay gente que proclama ser santa, pero no tiene comunión con su hermano o su hermana y escribe que ellos están en un total error (1 Juan 1:8,9), por ello tenemos que tener extremo cuidado en que nuestro corazón sea recto para con el Señor verdaderamente.

Vivimos en Él, hemos entrado por la Puerta de Santidad porque en el universo entero no hay otra puerta para entrar en la santidad sino sólo Él. Y la Biblia declara: "Sin santidad, nadie verá al Señor" (Hebreos 12:14).

La Puerta a los Milagros

"Y la gloria de Jehová entró en la casa por la vía de la puerta que daba al oriente" –Ezequiel 43:4

Las maravillas de Dios son mostradas en el Antiguo Testamento de cuando en cuando. Podemos leer cerca de un centenar de milagros, desde la creación del mundo en Génesis capítulo 1 hasta la regurgitación de Jonás en el capítulo 4 del que libro que lleva su nombre en lo largo y ancho de la historia sagrada, ¡Durante un período de 4 mil años! Imagina, si se nos permitiera dividir el número de años entre los milagros registrados, ¡nos resultaría la pobre cuota de 1 milagro cada 40 años! Los milagros que normalmente se mencionan son puntuales, no para mucha gente, mayormente para una o dos personas, algunas veces para un reducido número de personas y otras tantas para toda la nación de Israel.

Sin embargo, Jesús como la Puerta a los Milagros, hizo probablemente miles de milagros, ¡en sólo tres años y medio! Aunque sólo 37 milagros son registrados en los evangelios, y el Apóstol Juan afirma: "Hizo Jesús muchas otras señales en presencia de sus discípulos, las cuales no están escritas en este libro" (Juan 20:30). También, él mismo clarifica por el Espíritu Santo, "Y hay también otras muchas cosas que hizo Jesús, las cuales si se escribieran una por una, pienso que ni aun en el mundo cabrían los libros que se habrían de escribir. Amén" (Juan 21:25).

Ciertamente la gloria del Señor vino por el camino de la puerta que da al este, la nación de Israel, pero más tarde fue esparcida por todo el ancho del mundo. Los setenta dijeron a Jesús; "Señor, aún los demonios se nos sujetan en tu nombre" (Lucas 10:17), pero entonces Jesús nos dio autoridad a todos los creyentes cuando dijo: "He aquí os doy potestad de hollar serpientes y escorpiones, y sobre toda fuerza del enemigo, y nada os dañará" (Lucas 10:19). Y luego, en Marcos 16:17-18, Jesús ratifica la autoridad que nos ha dado a todo creyente suyo en el mundo al decir: "Y estas señales seguirán a los que creen: En mi nombre echarán fuera demonios; hablarán nuevas lenguas; [18]tomarán en las manos serpientes, y si bebieren cosa mortífera, no les hará daño; sobre los enfermos podrán sus manos, y sanarán" (Marcos 16:17-18).

Los Apóstoles entendieron las palabras de Jesús después del advenimiento del Espíritu Santo a sus vidas y empezaron a hacer las mismas cosas que Jesús hizo. Está escrito: "Y por la mano de los apóstoles se hacían muchas señales y prodigios en el pueblo; y estaban todos unánimes en el pórtico de Salomón" (Hechos 5:12). Felipe también tomó en serio las palabras de Jesús y el libro de los Hechos registra: "También creyó Simón mismo, y habiéndose bautizado, estaba siempre con Felipe; y viendo las señales y grandes milagros que se hacían, estaba atónito" (Hechos 8:13). Esteban fue otro que entendió las palabras del Maestro, y está escrito de él: "Y Esteban, lleno de gracia y de poder, hacía grandes prodigios y señales entre el pueblo" (Hechos 6:8); y también de Pablo nos dicen las Escrituras: "Y hacía Dios milagros extraordinarios por mano de Pablo" (Hechos 19:11).

Jesús, la Puerta a los milagros está abierta hoy para todo creyente. Los milagros hoy en día no son solamente efectuados en la tierra de Israel, y no sólo son hechos por los apóstoles, sino que el Espíritu Santo se está moviendo por todo el mundo haciendo incontable cantidad de milagros y maravillas cada día, tal y como sucedía en los tiempos apostólicos. Cada uno de esos milagros necesita entrar por la Puerta a los milagros que se llama Jesús de Nazaret.

La Puerta Abierta Día y Noche

"Tus puertas estarán de continuo abiertas; no se cerrarán de día ni de noche, para que a ti sean traídas las riquezas de las naciones, y conducidos a ti sus reyes" –Isaías 60:11

Dios abrió la Puerta de Salvación para todo el mundo en el día que Jesús murió en la cruz y resucitó de la muerte, y Su Puerta continúa abierta hoy. Existen algunos pasos en el trato de Dios con la humanidad desde la creación. Los teólogos han llamado a estos pasos o etapas, "Dispensaciones". Hoy vivimos en la dispensación de la gracia. La Biblia nos dice: "por quien tenemos entrada por la fe a esta gracia en la cual estamos firmes, y nos gloriamos en la esperanza de la gloria de Dios" (Romanos 5:2). Nosotros hemos entrado a esta gracia por la Puerta de Dios Cristo Jesús. Vivir en la gracia significa que no estamos bajo el antiguo pacto establecido por Dios con Moisés y los Israelitas. De hecho, los gentiles, nunca estuvimos bajo la ley de Moisés, por ello nos dice Pablo que estuvimos ajenos a los pactos de Dios (Ef. 2:12). Cada predicador del Evangelio distingue entre la ley de Moisés y el Nuevo Pacto de gracia dado por Dios a través de nuestro Señor Jesucristo.

Sin embargo, la Biblia dice, "por el camino nuevo y vivo que él nos abrió a través del velo, esto es, de su carne" (Hebreos 10:20). En otras palabras, el cuerpo de Cristo que fue partido (1 Cor. 11:24) fue representado por el velo del templo que daba al

Lugar Santísimo (Mat. 27:51). Esta es gracia espiritual (Heb. 9:1, 10-11); esta gracia es libertad del temor (Heb. 2:14,15); esta gracia es siempre por fe y no por las obras de una religión (Ef. 2:8,9).

Esta gracia está abierta y disponible hoy las 24 horas del día, los 7 días de la semana, tal y como algunas farmacias o supermercados, pero esto es de Dios, gratuito, gratificante, y absolutamente seguro. Nosotros tenemos acceso a Dios a través de la Puerta que se llama Jesús cada vez que vayamos a Él con sinceridad. Jeremías nos dice por el Espíritu, "y me buscaréis y me hallaréis, porque me buscaréis de todo vuestro corazón" (Jeremías 29:13). Es maravilloso tener recursos ilimitados en Jesús, Él es nuestro consejero, nuestro sanador, nuestra paz, nuestra fortaleza, nuestro amigo y mucho más. Tenemos siempre acceso a Él; Él, "no desfallece, ni se fatiga con cansancio" (Isaías 40:28). ¿Por qué usualmente vamos primero al hombre antes que ir primero con el Señor? El Señor dice: "Inclinad vuestro oído, y venid a mí; oíd, y vivirá vuestra alma; y haré con vosotros pacto eterno, las misericordias firmes a David" (Isaías 55:3).

En tiempos de guerra la gente racionaliza la comida y el agua. La gente que lo ha vivido sabe cuán difícil y crítico es estar sin lo más vital para la subsistencia humana. Ellos no pueden ahora entender cuando otros no usan los recursos sabiamente. Imagina si tuviéramos tan sólo unos minutos durante el día para acceder a la presencia Dios, ¿los cristianos oraríamos más? Tal parece que tener abundancia no es algo bueno para los seres humanos. En cierta ocasión escuché la historia de unos cristianos que vivieron en el tiempo de la persecución de Nerón, el emperador romano. Cuando ellos estuvieron juntos en la cárcel trataban de recordar todos los pasajes de las Escrituras que pudiesen porque no les era permitido que tuviesen con ellos ningún pergamino o porción de la Palabra de Dios. En el tiempo de mayor auge del comunismo (pues todavía tenemos comunismo en el mundo) muchos cristianos vivieron sus vidas con una página o dos de las Escrituras.

Ahora nosotros tenemos la Puerta abierta día y noche, no malgastes tan tremenda oportunidad. El caso de Nehemías y los comerciantes nos dan una gran lección. Estos comerciantes querían negociar cada día, aún durante los días consagrados a Dios, pero Nehemías declara: "dije que se cerraran las puertas, y ordené que no las abriesen hasta después del día de reposo" (Nehemías 13:19). Lo mismo sucede hoy con muchos comerciantes, pero si ellos quieren tener negocios con los hombres para tener una ganancia terrena, ¿qué podemos decir acerca de nosotros? ¿No iremos con nuestro Padre Celestial a negociar cosas celestiales? ¡Oh, vamos! Aprovecha esta enorme oportunidad, la Puerta Cristo Jesús está abierta día y noche, ¡Aleluya!

ABSOLUTAMENTE VIDA

La Universidad de Harvard publicó un video donde son mostrados los movimientos de la célula humana. Es realmente increíble ver cientos de movimientos en tan sólo un minuto en donde los elementos de ella participan. Esto ejemplifica para nosotros que existe vida que no podemos ver. La energía primaria que mueve las células proviene de los átomos, entonces nos preguntamos, ¿Quién o qué mueve los electrones alrededor del núcleo (el cual está hecho de protones y neutrones)? Se trata de la vida misma, se trata de Jesús, está escrito, "Y él es antes de todas las cosas, y todas las cosas en él subsisten" (Colosenses 1:17).

La vida que ahora vivimos en esta carne o en este cuerpo físico es la vida de Cristo (Gal. 2:20). Esta vida es por fe, "El justo vivirá por fe". ¿Qué fue lo que dio lugar a que Pablo dijera lo que dijo en Gálatas 2:20? Vemos que Pablo reprende a Pedro en relación a la observancia de la ley como regla para ser salvos, luego él lanza una poderosa pregunta, "Y si buscando ser justificados en Cristo, también nosotros somos hallados pecadores, ¿es por eso Cristo ministro de pecado?" (Gálatas 2:17). ¿Qué es lo que esto significa? Significa que si guardamos la ley para ser salvos, ¿Qué sucedería sino obedeciéramos tan sólo uno de los mandamientos? Entonces somos hallados pecadores, y si esto es así, ¿Es entonces Cristo ministro de pecado? ¿Significaría que Cristo nos lleva a pecar? ¡De ninguna manera! ¡Absolutamente no! ¡Si Cristo vive en mí, esto no puede ser! Por lo tanto, ya no vivo yo sino que vive Cristo en mi lugar. ¿Qué entonces de mi naturaleza pecaminosa? Esta naturaleza fue crucificada con Cristo, en el tiempo en que Jesús murió, y tuvo efecto cuando yo reconocí este hecho por la fe. Consecuentemente, los que hemos reconocido esta verdad, no vivimos para obedecer la ley a fin de ser salvos, esto significaría que Cristo murió en vano; pero porque Cristo murió yo también morí y porque Él resucitó de la muerte, Él vive en mí y Él cumple la ley por mí.

También tenemos otro poderoso versículo bíblico: "Porque yo por la ley soy muerto para la ley, a fin de vivir para Dios" (Gálatas 2:19). Esto quiere decir que también estoy muerto para la ley y no sólo para no practicar el pecado. En otras palabras, también tengo que renunciar a mis esfuerzos para complacer a Dios y tan sólo vivir mediante la vida de Jesús, la cual es facultada por el Espíritu Santo dentro de mí.

Cristo es absolutamente vida, y no podemos temer que Él fallará en complacer a Dios cuando Él se mueve dentro de nosotros y opera a través nuestro.

Vida es tener conciencia; vida es ver la luz y entender cosas. Para entender la vida tenemos que entender la muerte. ¿Qué es muerte? La palabra griega <Thanotos> es usada en versos bíblicos tales como este: "De cierto, de cierto os digo: El que oye mi palabra, y cree al que me envió, tiene vida eterna; y no vendrá a condenación, más ha pasado de muerte <Thanatos> a vida" (Juan 5:24). <Thanatos> muerte, tiene el significado básico de separación, en el último escenario, la palabra <Thanatos> significa separación de Dios.

Si Cristo no vive dentro de nosotros por el Espíritu Santo, entonces estamos automáticamente muertos, entonces somos hallados pecadores y Dios "aborrece a todos los que hacen iniquidad" (Salmos 5:5). "Más vosotros no vivís según la carne, sino según el Espíritu, si es que el Espíritu de Dios mora en vosotros. Y si alguno no tiene el Espíritu de Cristo, no es de él" (Romanos 8:9).

Esta es la vida absoluta; por tanto únicamente se puede vivir en verdad mediante la vida de Cristo Jesús, Señor nuestro.

El Valor de la Vida

"Porque no os es cosa vana, es vuestra vida, y por medio de esta ley haréis prolongar vuestros días sobre la tierra a donde vais, pasando el Jordán, para tomar posesión de ella" –Deuteronomio 32:47

Mediante el juicio del sistema judicial de los Estados desarrollados del mundo, la vida no tiene precio y no puede comprarse en ningún sentido. Sin embargo, en términos económicos, la vida podría tener cierto valor. Para la industria de los seguros, la vida es valuada dependiendo de la prima que una persona paga y de la cantidad que se deba de pagar ante su muerte repentina o bien, el costo que se deba pagar por los cuidados médicos engrosados en la póliza. Para la industria de la construcción, la vida de un trabajador es valuada dependiendo de los gastos que representaría su muerte accidental, de hecho estos gastos son estimados en los proyectos de gran envergadura al suponer que habrá algunos fallecimientos.

En los países subdesarrollados la vida es determinada por los recursos económicos disponibles. Por ejemplo, si el sistema médico del país tiene cierta capacidad y ésta es excedida, entonces se tendrá que tomar la decisión de salvar la vida de unos y dejar morir a otros.

La Revista Times, en su edición de Marzo 2008 publicó: "En teoría, un año de vida humana es invaluable, pero en realidad vale $50,000. Este es el estándar internacional para la mayoría de las instituciones de salud y aseguradoras tanto públicas como privadas en todo el mundo. Más simple, las compañías aseguradoras calculan lo que algún tratamiento médico costaría, y así garantizar un año de "calidad de vida".

El gobierno considera un ser humano como $50,000, pero la pregunta es: ¿Cuánto vale la vida para ti mismo? La mayoría de la gente piensa que ellos valoran su vida, pero demuestran en la práctica que realmente no. Por ejemplo, un drogadicto o un fumador, una persona que ocupa su vida en pecar, ellos no están dándole valor a su propia vida.

Chicas quienes dan su virginidad a cualquier hombre en la calle. Un hombre que vende sus valores morales por dinero; una persona que deja pasar la vida sin hacer nada, todos ellos son ejemplos de personas que no valoran sus propias vidas. Podemos ver millones de personas hoy en día que no valoran su propia vida.

Sin embargo, la Biblia nos dice: "Aplicad vuestro corazón a todas las palabras que yo os testifico hoy, para que las mandéis a vuestros hijos, a fin de que cuiden de cumplir todas las palabras de esta ley. ^{47}Porque es tu vida..." (Deuteronomio 32:46,47). Dios ha dado el más alto precio a la vida humana desde su creación y nos anima a darle el mismo valor que Él le ha dado.

¿Cuál es el camino para valorar nuestra propia vida? Aplicar nuestro corazón a todas las palabras que Él nos ha testificado. Poner atención y obedecer con sumo cuidado lo que Jesús nos ha mandado hacer. Él nos ha dicho: "enseñándoles que guarden todas las cosas que os he mandado" (Mateo 28:20). ¿Por qué el Señor Jesús está tan interesado en que el ser humano obedezca Sus palabras? Porque nos ama, Él ama y valora en gran manera la vida humana. "Porque de tal manera amó Dios al mundo, que ha dado su Hijo unigénito, para que todo aquel que en él cree, no se pierda, más tenga vida eterna" (Juan 3:16).

Jesús pagó el precio de Su propia vida para mostrarnos cuanto Él valora la vida humana. Está escrito: "Porque habéis sido comprados por precio; glorificad, pues a Dios en vuestro cuerpo y en vuestro espíritu, los cuales son de Dios" (1 Corintios 6:20).

Una Vida Miserable

"Nuestra agua bebemos por dinero, compramos nuestra leña por precio," –Lamentaciones 5:4

Parece ser que el hombre insiste en vivir una vida miserable. El libro de Lamentaciones describe la vida miserable en estos términos: "Nuestra agua bebemos por dinero, y tenemos que pagar por la leña que necesitamos para el fuego". En los tiempos bíblicos, la gente no tenía que pagar por estas cosas, ellos sólo iban al río y traían agua, ellos sólo salían al bosque y traían leña. Sin embargo, el costo de vida de hoy crea situaciones de miseria cada vez peores. En las más grandes ciudades del planeta vive gente tan miserablemente como en los tiempos de guerra. La ambición de los hombres, quienes quieren apoderarse de otros seres humanos es insaciable. Dueños de bancos, empresarios, dueños de compañías de seguros, y la gente más rica en general quiere hacerse aún más rica y más poderosa a costa de empobrecer a los demás. El sistema de créditos por ejemplo, está diseñado para alcanzar esa meta. Cada vez que incurrimos en créditos podemos estar ayudando a estas personas a alcanzar su meta, tal y como lo dice la Biblia en Deuteronomio 28:44. Dios nos lo ha dicho ya.

Aún algunos Cristianos hoy en día están poniendo su atención a cosas en donde Dios no está presente, como el profeta Jeremías lo dice: "Porque dos males ha hecho mi pueblo: me dejaron a mí, fuente de agua viva, y cavaron para sí cisternas, cisternas rotas que no retienen agua" (Jeremías 2:13).

Algunos Cristianos de nuestros días han dejado a Cristo por las cosas de este mundo, buscando satisfacer su hambre de felicidad, ¿por qué? Como también el apóstol Pablo lo dice: "¡Oh gálatas insensatos! ¿Quién os fascinó para no obedecer a la verdad, a vosotros ante cuyos ojos Jesucristo fue ya presentado claramente entre vosotros como crucificado?" (Gálatas 3:1).

¿Por qué la gente tiende a la miseria? Es increíble, pero tener muchas cosas materiales muchas veces hace la vida más miserable, tal como lo dijo Jesús: "Porque tú dices: Yo soy rico, y me he enriquecido, y de ninguna cosa tengo necesidad; y no sabes que tú eres un desventurado, miserable, pobre, ciego y desnudo" (Apocalipsis 3:17). Jesús continúa diciendo: "Por tanto, yo te aconsejo que de mí compres oro refinado en fuego para que seas rico, y vestiduras blancas para vestirte, y que no se descubra tu desnudez; y unge tus ojos con colirio para que veas" (Apocalipsis 3:18). ¿Qué significa eso de "compra de mí"? Cuando tú vas a comprar lo de Jesús el dinero no significa nada. La única manera de comprar lo de Jesús es mediante la sumisión y dependencia de Él. Es tu voluntad de obediencia; es tener un espíritu de oración e intenso interés en servirlo a Él. Así como el Espíritu Santo lo dice por el profeta Isaías, "Si quisiereis y oyereis, comeréis el bien de la tierra" (Isaías 1:19). ¿Qué es eso del bien de la tierra? El bien de la tierra es tener comunión con Dios mismo. Otras bendiciones seguirán también, pero la más grande de las bendiciones (y que es una bendición que no se puede cambiar) es la bendición de agradar a Dios y tener comunión con Él todo el tiempo que somos peregrinos sobre esta tierra, puesto que nuestra ciudadanía no está en esta tierra, pero en el cielo. Está escrito: "Más nuestra ciudadanía está en los cielos, de donde también esperamos al Salvador, al Señor Jesucristo" (Filipenses 3:20). Nuestra bendición es Cristo mismo.

La Vida es Cristo

"Y matasteis al Autor de la vida, a quien Dios ha resucitado de los muertos, de lo cual nosotros somos testigos" –Hechos 3:15

Cuando pensamos en un príncipe imaginamos administración, aquel que tiene poder para otorgar o cesar cosas. En el pasaje de Hechos 3:15, la palabra traducida por Reina-Valera como "autor" es <archegos>, y esa palabra también significa el líder principal, príncipe. Se refiere este pasaje al Príncipe de vida, Aquel que da vida y que la quita. Los científicos dicen que la vida tiene una cadena continua desde hace más de 3.4 miles de millones de años, por lo que la vida podría existir miles de años antes de que Adán fuera creado. ¿Cuánto tiempo representa un día para Dios? En el salmo 90 encontramos un indicio de lo intrascendente que podrá ser para un Dios eterno el registro de las edades. Moisés, inspirado por Dios nos dice: "Porque mil años delante de tus ojos son como el día de ayer, que pasó, y como una de las vigilias de la noche" (Salmos 90:4). Jesús creó la vida, Él es el Príncipe y Autor de la Vida, el Administrador de la vida desde hace miles de millones de años en el pasado nuestro.

Jesús ha dicho acerca de Sí mismo, "Porque como el Padre levanta a los muertos, y les da vida, así también el Hijo a los que quiere da vida" (Juan 5:21). Así como José tuvo la administración del pan de Egipto y tuvo el poder para "que reprimiera a sus grandes como él quisiese, y a sus ancianos enseñara sabiduría" (Salmos 105:22), Jesús, como el administrador de lo del Padre, tiene poder para dar vida a quien Él quiera.

Otro gran concepto es este: Jesús no es sólo administrador de la vida, Él es la vida misma. El pan representa la vida, las necesidades humanas básicas para la subsistencia, y Jesús dijo: "Porque el pan de Dios es aquel que descendió del cielo y da vida al mundo" (Juan 6:33). No importa cuántos años tiene de existir el universo, nada tuvo vida realmente hasta que Jesús vino al mundo, porque Él mismo es la vida.

Consecuentemente descubrimos que nada puede tener realmente vida sin la voluntad de Jesús, y ninguna vida espiritual puede existir sino cuando Él está presente. Está escrito: "Andaré en medio de ellos, y seré su Dios y ellos serán mi pueblo" (2 Corintios 6:16), pero "Dios no es Dios de muertos, sino Dios de vivos;" (Marcos 12:27). De esta manera, la única manera que Dios puede ser Dios nuestro es teniendo a Jesús viviendo en nosotros. El agua del río descrito en Ezequiel 47 da vida a todo lo que entra en él, está escrito: "Y toda alma viviente que nadare por dondequiera que entraren estos dos ríos, vivirá; y habrá muchísimos peces por haber entrado allá estas aguas y recibirán sanidad; y vivirá todo lo que entrare en este río" (Ezequiel 47:9). Estos dos ríos representan las dos partes de la totalidad de la revelación de Dios a la humanidad, el Antiguo y Nuevo Testamento. Los Testamentos son Jesús mismo. Quien sea que entrare en Él vivirá. Nadie podrá realmente explicar lo que es la vida en Cristo hasta que se practica, y la vida de Cristo en nosotros es la meta diaria de cada cristiano sabio. Algunos intentan vivir la vida en Cristo sin darse cuenta que ya la tienen. La Biblia dice: "...habiéndoos despojado del viejo hombre con sus hechos, y [10]revestido del nuevo, el cual conforme a la imagen del que lo creó se va renovando hasta el conocimiento pleno" (Colosenses 3:9-10). Tenemos ya la vida de Cristo dentro de nosotros, pero es necesario, ser "renovados en conocimiento de acuerdo a la imagen de Él, quien creó a este hombre nuevo". ¿Cuál es la meta? (versículo 11), la meta es que Cristo sea todo en todos. Esta es la señal del conocimiento pleno del Señor.

Damos la Vida de Cristo

"Sanad enfermos, limpiad leprosos, resucitad muertos, echad fuera demonios, de gracia recibisteis, dad de gracia" –Mateo 10:8

Hemos estado hablando que tenemos el potencial de vivir la misma vida de Jesucristo de Nazaret, partiendo del hecho de que Él ha creado en nosotros un nuevo hombre y que día a día vamos logrando alcanzar esa vida por medio de la fe. Sin embargo, vivir la nueva vida en Cristo en plenitud implica compartirla también. Nadie podrá tener la vida de Cristo realmente sin compartirla al mismo tiempo. ¿Cómo vivió Cristo? La vida de Cristo podría resumirse en una palabra: Amor. Y amor es todo acerca de compartir. Hemos recibido esta nueva vida no por nuestros esfuerzos, pero por la gracia de Dios. Esta nueva vida nos ha sido otorgada por Jesús gratuitamente y por ello la compartimos gratuitamente a todos.

Se nos dice que aquel que está dispuesto a donar sus órganos está dando vida. La realidad es que en este momento más de 105,000 personas en los Estados Unidos están esperando un órgano y más de 6,500 personas por año –cerca de 18 por día– mueren por carecer de un órgano donado que esté disponible para ellos. Sin embargo, dar vida es mucho más que eso. Dar vida es dar a Jesús. Dar vida es sanar al enfermo, limpiar al leproso, resucitar al muerto y echar fuera los demonios en el nombre de Jesús. Por ello es que vamos a los pies de Jesús para renovar nuestra mente en la realidad del poder y autoridad que tenemos en Él y que Él nos ha otorgado por gracia.

Está escrito, "por lo cual también trabajo, luchando según la potencia de él, la cual actúa poderosamente en mí" (Colosenses 1:29). Vamos y luchamos según la potencia de Él... en otras palabras, creemos lo que Él ha hecho en nosotros y a través de nosotros, y que lo que hacemos es en su poder. Es nuestra disposición y fe lo que cuenta. Dios dijo a Jonás, ve y predica en Nínive. El poder para salvar a la gente de Nínive era asunto de Dios, no de Jonás. Nuestro asunto es tomar de la vida de Jesús y darlo a la gente. No podemos dar lo que no tenemos. Vamos y nos llenamos del Señor primero y luego vamos a la gente para dar la vida que hemos recibido de Él.

En el sentido estricto, somos administradores de vida; desde luego, nunca seremos fuente de vida. Está escrito: "como le has dado potestad sobre toda carne, para que dé vida eterna a todos los que le diste. [3]Y esta es la vida eterna: que te conozcan a ti, el único Dios verdadero, y a Jesucristo, a quien has enviado" (Juan 17:3). Por tanto, ayudamos a la gente a conocer al Padre y a Su Hijo Jesús, porque este es el único camino para recibir la vida de Dios. Consecuentemente llevamos sanidad a la gente (como agentes de Jesús) al tiempo que ellos son salvos espiritualmente. Ambos regalos de Dios son dados en el mismo paquete (Is. 53:5, 1 P. 2:24) y somos por ello donadores de vida. Si te conviertes en un donador de órganos estarás ayudando a la humanidad a usar sus propios recursos para dar vida física, pero cuando das tu cuerpo, tu alma y espíritu al servicio de Dios estás ayudando a Dios mismo a usar Sus recursos para dar tanto vida física como vida eterna a la humanidad. En el primer caso, tendrás sólo algunas posibilidades de salvar a uno o dos, en el segundo aún miles podrían recibir esta preciosa vida desde el trono de Dios.

4
ABSOLUTAMENTE VERDAD

Fue sorprendente el resultado de una encuesta en la que fueron entrevistados 1,000 americanos cuya pregunta fue: ¿Cuántas mentiras has dicho en las últimas 24 horas? El promedio del número que ellos dieron como respuesta fue 1.65 mentiras. Sin embargo, de acuerdo a un estudio conducido por la Universidad de Massachussets en el año 2002, 60% de los adultos nunca podrían tener una conversación de 10 minutos sin decir al menos una mentira.

Tu podrías decir que el más grande problema es que la gente no quiere admitir que mienten, no obstante, el más grande problema es que ellos muchas veces ignoran cuál es la verdad. La pregunta de Pilato es y ha sido la pregunta de toda la humanidad: ¿Qué es la verdad? (Jn. 18:38). La realidad es esta: La gente puede estar siguiendo mentiras a lo largo de toda su vida.

La razón por la cual Jesús vino y sufrió fue para mostrarnos la verdad. La Biblia nos dice que Él "sufrió la cruz, menospreciando el oprobio" (Heb. 12:2) para mostrarnos la verdad y así gozarse al vernos absolutamente libres. "Y conoceréis la verdad, y la verdad os hará libres" (Jn. 8:32).

El libro a los Romanos nos dice: "Pues os digo, que Cristo

Jesús vino a ser siervo de la circuncisión para mostrar la verdad de Dios, para confirmar las promesas hechas a los padres" (Romanos 15:8). Él fue siervo de la ley de Moisés y la cumplió enteramente, para que nosotros podamos vivir en la tierra prometida a Israel, las promesas de Dios. Para explicar este precioso concepto partiremos de Deuteronomio 28 como ejemplo. Nos dice: "Acontecerá que si oyeres atentamente la voz de Jehová tu Dios, para guardar y poner por obra todos sus mandamientos que yo te prescribo hoy, también Jehová tu Dios te exaltará sobre todas las naciones de la tierra" (Deuteronomio 28:1). La palabra "todos" descalifica a cada uno de nosotros para alcanzar las promesas de Dios hechas a los hijos de Israel en Deuteronomio 28 y automáticamente este hecho nos hace entrar en el campo de las maldiciones. Sin embargo, ¡gracias sean dadas a Dios! Cristo Jesús fue siervo de la ley y la cumplió completamente (Mat. 5:17-18), para que nosotros podamos gozar de las promesas de Dios como una realidad en nuestras vidas por medio de la fe. Por lo tanto, todas las promesas de Dios nos pertenecen a nosotros en Cristo Jesús.

¿De qué manera la Palabra de Dios podría ser verdad para la humanidad? ¿Son reales las promesas de Dios? Si cada uno necesitara obedecer la totalidad de los mandamientos de Dios para recibir las promesas, entonces también cada uno de nosotros se encontraría decepcionado de la Palabra de Dios y ella podría parecer mentira para nosotros; pero Jesús vino para cumplir la totalidad de la ley a fin de que las promesas de Dios pudieran activarse para nosotros a través de la fe en Él. Ahora, después de que Jesús hizo la parte humana, Dios moverá Sus ejércitos y aún el universo entero para cumplir Su parte también. Por lo tanto, Sus promesas son absolutamente verdad por la fe en Jesús de Nazaret.

Ahora tenemos la verdad del Evangelio como una herencia de Jesús y jamás debemos de comprometer esa verdad tan preciosa. Llama mi atención el caso de Nabot de Jezreel y su respuesta a Acab, él dijo: "Gúardeme Jehová de que yo te dé a ti la heredad de mis padres" (1 Reyes 21:3). Hoy nosotros poseemos la verdad del Evangelio, la cual recibimos como herencia de nuestro Padre espiritual Jesús de Nazaret (Heb. 2:13) y preferimos morir antes de intercambiarla por dinero, fama o los placeres de esta vida.

Finalmente la pregunta de Pilato fue respondida: Jesús, Él mismo es la verdad para todo aquel que cree en Él.

La Verdad es una Llave Poderosa
"Y conoceréis la verdad, y la verdad os hará libres" –Juan 8:32

Cantidades increíbles de dinero son destinadas diariamente para ir en búsqueda de la verdad. Los países del mundo han conducido esfuerzos muy poderosos e importantes para elevar los niveles de educación de sus ciudadanos. La Agencia Central de Inteligencia (CIA, por sus siglas en inglés) publicó que en el 2011 solamente los Estados Unidos (líder es este estudio particular) gastó $806 miles de millones de dólares en educación. Seguido en la lista está Japón con $160.5 y Alemania en tercero con $129.6 miles de millones de dólares. El mundo gasta más dinero en la búsqueda de la verdad que lo que gasta en cualquier otra cosa. Esto incluye las agencia de ciencia y tecnología y miles de proyectos de investigación (muchos de éstos, por cierto, sin ningún valor práctico). Si consideramos que los trabajadores en general invierten de un 15 a un 35% de su tiempo buscando información, encontraremos que una gigantesca cantidad de dinero es invertida anualmente en el mundo tan sólo en la búsqueda de la verdad.

La Universidad de Harvard, como parte de sus requisitos de admisión, advierte nos preparemos con los $62,250 dólares que cubrirían sus honorarios por asistir a sus aulas durante un semestre. En esta cantidad no está incluido el costo del seguro de gastos médicos. Esto sin considerar algunos otros gastos asociados con cumplir con muchos otros requisitos.

¿Por qué la gente quiere saber? Porque el conocimiento es la llave para el éxito. Jesús lo definió mejor, el conocimiento es libertad. La verdad nos libera del temor y el temor es la causa de la destrucción de muchas vidas en la historia de la humanidad. Sin embargo, la verdad más importante es la verdad de Dios, la verdad acerca de las cosas espirituales.

Como ministros de Dios, peleamos a diario con miles de demonios que tratan de detener con injusticia la verdad del Evangelio. Está escrito: "Pero si nuestro evangelio está aún encubierto, entre los que se pierden está encubierto; [4]en lo cuales el dios de este siglo cegó el entendimiento de los incrédulos, para que no les resplandezca la luz del evangelio de la gloria de Cristo, el cual es la imagen de Dios." (2 Corintios 4:3-4).

Oramos constantemente que el conocimiento de Dios corra por el mundo y que la humanidad sea libre de su oscuridad. Pero esta lucha es pesada, porque hay hombres, dirigidos por el mismo Satanás especialmente ocupados para detener la verdad del Evangelio. Está escrito también: "Porque la ira de Dios se revela desde el cielo contra toda impiedad e injusticia de los hombres que detiene con injusticia la verdad" (Romanos 1:18). Ellos intercambian la verdad de Dios por mentiras y parecen poderosos y sabios, parecen dignos de toda credibilidad. Muchos de ellos son millonarios y otros doctores graduados de universidades de prestigio mundial.

Sin embargo, nosotros somos más poderosos espiritualmente en Cristo, aunque, claro, en ocasiones el Señor permite que seamos perseguidos a causa de nuestra actividad en la difusión de la verdad de Dios alrededor del mundo.

Jesús nos muestra la verdad porque Él nos reveló al Padre. Antes de Él, la humanidad no hubo conocido al Padre, más Cristo nos lo manifestó. Las Escrituras nos dicen: "A Dios nadie le vio jamás; el unigénito Hijo, que está en el seno del Padre, él le ha dado a conocer" (Juan 1:18). Jesús abrió la puerta de la verdad. "Yo soy la verdad..." Jesús declaró acerca de sí mismo. Consecuentemente, nosotros recibimos poder y autoridad debido a la verdad. Jesús declaró: "Esto dice el Santo, el Verdadero, el que tiene la llave de David, el que abre y ninguno cierra, y cierra y ninguno abre" (Apocalipsis 3:7). Él ha abierto para nosotros la puerta de la verdad y continúa dándonos la llave. La llave es la verdad, Jesús es la verdad, Absolutamente, Él es la verdad.

Absolutamente Verdadero

"No faltó palabra de todas las buenas promesas que Jehová había hecho a la casa de Israel; todo se cumplió" –Josué 21:45

Cierta historia nos dice: "Los troyanos construyeron un enorme caballo de madera con un vientre hueco en donde fuera posible un grupo de hombres pudiera esconderse. Después de que los griegos convencieran a los troyanos de que aquello era un regalo de paz, los troyanos lo recibieron con alegría y lo trajeron dentro de su ciudad fortificada. Aquella noche, mientras los troyanos dormían, los soldados griegos ocultos en el interior del caballo se colaron por un pasadizo hecho expresamente. De esta manera, ellos procedieron para decisivamente masacrar y finalmente derrotar a los troyanos". Sin embargo, aunque esta historia nos parece como una verdad, no lo es. Es tan sólo un cuento incluido en la mitología griega.

Todo mundo está enterado de la manipulación de los medios de comunicación, los cuales son influenciados por tendencias políticas. ¿Cuántas mentiras son dichas por los medios en el mundo entero a lo largo y ancho del mundo? Esta es una buena pregunta.

Cuando fue confrontado con el mito de que había reprobado en matemáticas cuando estuvo en la escuela secundaria, Einstein se rio y dijo que de hecho, ya para la edad de 15 años, él era capaz de resolver las ecuaciones más avanzadas de cálculo diferencia e integral. De hecho, él fue tan genial cuando era un adolescente que inventó una manera alternativa para probar el teorema de Pitágoras, tan sólo por diversión. Alguno de quienes pudieran estar leyendo este libro pudiera pensar como yo, que reprobar la clase de matemáticas no era tan grave, pues aún Einstein había reprobado cuando era un niño.

Puedo afirmar que en este instante hay gente trabajando duro para crear nuevas mentiras. Mucha gente que ha creado mentiras vive en ellas, son su modo de vida y aún hasta su manera de "ganarse" el pan. Las mentiras son parte de la humanidad tanto como las plumas son parte de las aves.

Sin embargo, esto nunca sucede con Dios. Él nunca falla aún a una sola de Sus palabras. Él no falló en ni una sola de las palabras que dio a Israel. Todas se cumplieron. Por ello podemos confiar totalmente en el Señor porque Él es absolutamente verdadero. También nos dice el texto sagrado: "Dios no es hombre para que mienta, Ni hijo de hombre para que se arrepienta, Él dijo, ¿y no hará? Habló, ¿y no lo ejecutará?" (Números 23:19). Dios tiene una sola palabra. Él no cambia de parecer. Algunas tradiciones cristianas enseñan que las palabras de Dios son intercambiables y algunas veces Él mantiene Su palabra, y otras veces no, dependiendo de las circunstancias; pero nunca el problema estará con Dios, quien es como un faro construido sobre la roca, el problema está con nuestra fe inconstante.

Un ejemplo de esto es en cuanto al tema de la sanidad. La Biblia nos dice que hemos sido sanados por las llagas del Señor Jesús (Isa. 53:4,5). Si esto es así, ¿Por qué habremos de creer otras voces? Otro ejemplo es que Dios ha dicho que a través de Cristo, nosotros hemos sido constituidos parte de Su propia familia (Ef. 2:19) y también que somos participantes de la naturaleza divina (2 P. 1:4) y de su santidad (Heb. 12:10), ¿Por qué habríamos de creer otra cosa? Algunas frases podrían parecer de gente con un corazón muy humilde, pero si estas frases contradicen los dichos de Dios, ¡entonces estos dichos están diciendo que Dios es un mentiroso! ¡Nunca ocurra tal cosa! Está escrito y

Dios no puede ser un mentiroso (Ti. 1:2). En otro pasaje se compara al hombre con Dios cuando dice: "sea Dios verás y todo hombre mentiroso" (Ro. 3:4).

Algunos hombres, tratando de justificar su falta de fe y una pobre relación con Dios dicen que Él podría actuar en distintas maneras fuera lo que está literalmente escrito en la Palabra de Dios y presumen de alta teología y aún de una súper relación con Dios. Sin embargo, los milagros ocurren con un hombre realmente humilde ante Dios, que como un niño, le cree y confía en su Palabra. Este es el significado del verso bíblico en Salmos 81:10: "abre tu boca que yo la llenaré".

Sara se rio

"Entonces Jehová dijo a Abraham: ¿Por qué se ha reído Sara diciendo: ¿Será cierto que he de dar a luz siendo ya vieja?" – Génesis 18:13

Tú y yo podríamos criticar a Sara, pero seguramente muchos de nosotros habríamos hecho lo mismo al escuchar cosa semejante. ¿Puedes imaginar? ¡Ella era una dama que tenía 90 años de edad! Pero a la palabra de Dios no le importa la lógica humana o cualquier otra ley inferior. Las leyes de la ciencia fueron creadas por Dios también y debemos usarlas para el beneficio de la humanidad, pero como seguidores de Cristo, nosotros vivimos en la esfera de una ley superior, esta es la ley de la fe. En otras palabras, creer la verdad de Dios expresada en su Palabra es la verdad absoluta.

Dios dijo, "Sea la luz", Él creó la lógica humana y las matemáticas; Él creó la ley de la gravedad y las leyes físicas que podemos encontrar en la naturaleza y ellas son buenas (Gn. 1:31) y ellas fueron creadas para el servicio de la humanidad principalmente (Gn. 1:28). Sin embargo, Él creó una ley superior antes de que el mundo existiera: La ley de la fe (Heb. 11:3). Sara, como muchos de nosotros, usó su conocimiento de la naturaleza, el que se usa para la supervivencia sobre esta tierra, pero Dios no estaba hablando a humanos meramente, Él estaba hablando a Sus hijos, Él hablaba en términos de fe.

Jesús dijo: "¿Por qué no entendéis mi lenguaje? ¿Por qué no podéis entender mi palabra? (Juan 8:43). Los fariseos, como todos los hombres naturales, no podían entender el lenguaje de Jesús, porque Él habló en el lenguaje de Dios, y Dios habla en términos espirituales y términos de fe. Jesús dijo también, "si os he dicho cosas terrenales, y no creéis, ¿cómo creeréis si os dijere las celestiales?" (Juan 3:12); pero solamente los verdaderos hijos de Dios pueden entender las cosas espirituales, las que Jesús llamó, "cosas celestiales", usando la ley de la fe.

Si tú vives en América es imposible que puedas entender enteramente la gente que vive en África u otros lugares en el mundo. De la misma manera, si tú no te mueves de los terrenos terrenales a los terrenos celestiales, es imposible que puedas entender la ley de la fe.

La salvación es el pasaporte para pasar del territorio terrenal al celestial y la salvación se produce mediante el entendimiento de 4 conceptos básicamente: 1) Que la humanidad ha pecado (Ro. 3:23); 2) Que la humanidad está condenada debido a su pecado (Ro. 6:23); 3) que el amor de Dios para la humanidad es eterno (Jn. 3:16); y 4) Que su amor fue manifestado a través de Cristo Jesús (Ro. 5:8, Hch. 4:12), nuestro sustituto (2 Cor. 5:14-15). El amor de Dios a través de Cristo es recibido por la fe, el requisito insustituible para nuestra salvación personal. Este es un pequeño requisito para el gigantesco beneficio de la salvación. Después continuamos pagando un impuesto que impone el nuevo territorio, este es el impuesto de la fe. Está escrito: "Más el justo vivirá por fe; y si retrocediere, no agradará a mi alma" (Hebreos 10:38). Nuestra fe es el impuesto fijo impuesto por Dios para continuar viviendo en Su territorio.

Una vez que estamos en el territorio espiritual, debemos obedecer las leyes de este nuevo lugar. Es siempre necesaria la fe para hablar el lenguaje de Dios y vivir en Su reino. La primera medida de fe que necesitamos para entrar en la esfera de Dios es llamada por Jesús "Un grano de mostaza". Fe es el costo que Dios pide por Su sonrisa. Esta "semilla de mostaza" es la fe necesaria para entrar en su reino. Jesús dijo: "¿A qué haremos semejante el reino de Dios, o con qué parábola lo compararemos? [31]Es como un grano de mostaza, que cuando se siembra en tierra, es la más pequeña de todas las semillas que hay en la tierra; [32]pero después de sembrado, crece, y se hace la mayor de todas las hortalizas, y echa grandes ramas, de tal manera que las aves del cielo pueden morar bajo su sombra" (Marcos 4:30-32). Más tarde, el Señor dice que esta pequeña semilla de mostaza de fe tiene un potencial ilimitado (Mat. 17:20).

Tristemente mucha gente hoy en día no cree en el testimonio de Jesús y hacen a Dios un mentiroso. Está escrito: "El que cree en el Hijo de Dios, tiene el testimonio en sí mismo; el que no cree a Dios le ha hecho mentiroso, porque no ha creído en el testimonio que Dios ha dado acerca de su Hijo" (1 Juan 5:10). Nota que los enemigos de Jesús lo llamaron engañador, nos dice el texto: "Al día siguiente, que es después de la preparación; se reunieron los principales sacerdotes y los fariseos ante Pilato, [63]diciendo: Señor, nos acordamos que aquel engañador dijo, viviendo aún: Después de tres días resucitaré" (Mateo 28:62-63). Por lo tanto, cada persona que en la práctica no cree a Jesús le hace un engañador –aún y ellos no lo dicen con sus palabras– y consecuentemente se convierten en enemigos del divino Maestro. ¿Eres tú un verdadero creyente del testimonio de Jesús?

Hay varias maneras de reírse. Abraham se rio de gozo cuando escuchó la promesa de Dios (Gn. 15:6, Ro. 4:3) y así aprovechó de la generosidad de Dios para interceder por Ismael (Gn. 17:17-19). Cada amado hijo de Dios le honra al creer cada palabra que ha salido de Su boca, porque Él es absolutamente verdadero y capaz, en cada circunstancia, de mantener Su palabra. Al mismo tiempo, Sus enemigos, se ríen de Su testimonio. Se burlan de Su palabra.

Dios se Reirá de los que se Burlan de Su Palabra

"Rompamos sus ligaduras, y echemos de nosotros sus cuerdas. ⁴El que mora en los cielos se reirá; El Señor se burlará de ellos. ⁵Luego hablará a ellos en su furor, Y los turbará su ira" – Salmos 2:3-5

Siempre habrá terribles consecuencias para aquellos que no creen a la Palabra de Dios y se ríen de un Dios absolutamente verdadero. El Espíritu Santo dice que Dios se reirá de ellos y Su ira será enviada desde Su trono.

Elías fue usado por Dios para ejemplificar lo que sucede con aquellos que se ríen de Dios haciéndole a Él mentiroso. Este profeta de Dios se burlaba de los falsos profetas de Baal. Está escrito: "Y aconteció al mediodía, que Elías se burlaba de ellos, diciendo: Gritad en alta voz, porque dios es; quizá esté meditando, o tiene algún trabajo, o va de camino; tal vez duerme, y hay que despertarle." (1 Reyes 18:27). Después de eso, fuego del cielo cayó desde el trono del Dios todopoderoso.

Dios se reirá de los que se burlan de Él y ellos serán condenados a un terrible juicio. No creer a Dios es una cosa seria, porque creer a un Dios absolutamente verdadero no es algo meramente intelectual, no es comportarse políticamente correcto en ciertos grupos, creer a Dios es tomar acciones que respalden lo que creemos en nuestros corazones después de leer la Biblia.

Un día aquel Hombre que fue hecho burla y llamado "engañador" se sentará en un caballo blanco y vendrá para juzgar a sus enemigos. Está escrito: "Entonces vi el cielo abierto; y he aquí un caballo blanco, y el que lo montaba se llamaba Fiel y Verdadero, y con justicia juzga y pelea". (Apocalipsis 19:11). El denunciará como mentirosos y engañadores aquellos que no creyeron a Su Palabra haciéndole a Él mentiroso y engañador, siendo Él el Rey de reyes y Señor de señores. El Señor destruirá a todos los mentirosos en el infierno por siempre (Apocalipsis 21:8).

Gracias a Dios porque hemos tomado seriamente Su Palabra y estamos obedeciendo la ley que rige en Su reino, la ley de la fe, porque Él es Dios absolutamente verdadero.

ABSOLUTAMENTE LUZ

"Toda buena dádiva y todo don perfecto desciende de lo alto, del Padre de las luces, en el cual no hay mudanza, ni sombra de variación" –Santiago 1:17

Dios es el Padre de las luces, y si meditamos un poco en esta verdad, entenderemos que casi todo depende de la luz. El proceso que es llamado "Fotosíntesis" y es indispensable para la vida de las plantas verdes y a su vez, las plantas son la base de la alimentación de casi todos los seres vivientes en la tierra. La fotosíntesis es el proceso por el cual las plantas verdes y otros organismos transforman la energía de la luz en energía química. Durante la fotosíntesis en las plantas verdes, la energía de la luz es capturada y usada para convertir el agua, el dióxido de carbono y algunos minerales en oxígeno y componentes orgánicos ricos en energía. Si el proceso de fotosíntesis cesara, pronto habría poca comida u otra materia orgánica en la tierra. La inmensa mayoría de los organismos de la tierra morirían, y con el tiempo, la atmósfera de la tierra estaría desprovista de oxígeno. Los únicos organismos que son capaces de sobrevivir en tales condiciones serían las bacterias quimio sintéticas, las cuales utilizan la energía química que toman de ciertos componentes inorgánicos y que no dependen de la conversión de la energía de la luz.

Los escritores bíblicos, sin tener aparentemente este conocimiento, escribieron por el Espíritu Santo que Dios es el Padre de las luces. Pedro seguramente no sabía de la existencia del petróleo y de los combustibles fósiles, los cuales son producidos por la fotosíntesis durante un proceso de millones de años y cuan importantes serían esos combustibles para nuestra vida diaria sobre la tierra hoy, pero bajo la inspiración de Dios, Pedro escribió: "Dios es el Padre de las luces".

Otro escritor, Job, quien según algunas pistas que podemos encontrar en su libro, él viviría algún tiempo después del diluvio, pero mucho tiempo antes que Moisés, posiblemente durante el tiempo de los patriarcas, de acuerdo con la opinión de algunos estudiosos, no lo sabemos con exactitud; el hecho es que él escribió, por la inspiración del Espíritu Santo: "¿Por qué camino se reparte la luz, Y se esparce el viento solano sobre la tierra? (Job 38:24). ¿Quién enseñó a Job que la luz tiene un camino? Tal vez, basándose en este versículo bíblico Galileo, en 1638 trató de descubrir la velocidad de la luz. Después de ello, de la curiosidad de Galileo y de sus conclusiones preliminares, algunos otros, tales como Ole Roemer, James Bradley, H.L. Fizeau y León Foaucault tuvieron mejores aproximaciones. Hoy, el valor de esta velocidad ha sido establecido en 299,792.458 km/s. Si la luz tiene velocidad, debe por tanto tener un camino. Si Dios es luz, tal como la Biblia lo afirma, pues dice: "Dios es luz y no hay ningunas tinieblas en él" (1 Juan 1:5), esta luz debe de tener un camino y este camino es Jesús.

No hay luz sin un camino y sin luz no hay vida. Por ello el Espíritu Santo tiene razón cuando dice: "él es antes de todas las cosas, y todas las cosas en él subsisten" (Colosenses 1:17).

Todos nosotros necesitamos de la luz, no solo indirectamente sino directamente. Sabemos que la vitamina D es esencial para la salud y que ésta es producida en la piel con la ayuda de la luz solar. La luz solar es de hecho la fuente de la vitamina D, y éste tan sólo puede entrarse en pocas cantidades en algunos alimentos. Gracias a la luz nosotros podemos ver, porque la luz es Dios mismo dando vida a toda creatura. Piensa en esto la próxima vez que veas la luz solar y da gracias a Dios por esta maravillosa bendición.

Sin embargo, damos gracias a Dios principalmente por la luz espiritual, esta es la luz que no podemos ver, pero que es esencial para la vida eterna y la vida espiritual en esta tierra.

Tal vez, para entender mejor lo que es la luz, nos ayudará entender lo que son las tinieblas.

Qué es Tinieblas

"Y mirarán a la tierra, y he aquí tribulación y tinieblas, oscuridad y angustia; y serán sumidos en las tinieblas" –Isaías 8:22

El mochuelo es un ave rapaz nocturna, semejante al búho pero de menor tamaño; siniestro, de sonidos ululares. Sus hábitos secretos, quieto vuelo y llamadas inquietantes la han hecho objeto de superstición y aún miedo en algunas regiones del mundo. En la Edad Media, el mochuelo fue usado como símbolo de "oscuridad" antes de la primera venida de Cristo; y era también usado para simbolizar al no-creyente quien vivía en oscuridad. Los búhos en general son famosos por su habilidad de ver en la oscuridad y la manera tan peculiar que ellos tienen para mover sus cabezas. Sin embargo, a diferencia de los mochuelos y de los búhos, el hombre fue creado para vivir en la luz. Dios creó a los mochuelos para vivir en la noche, pero el hombre fue creado para vivir a la luz del día. Está escrito: "Más vosotros, hermanos, no estás en tinieblas, para que aquel día os sorprenda como ladrón. ^{5}Porque todos vosotros sois hijos de luz e hijos de día; no somos de la noche ni de las tinieblas" (Tesalonicenses 5:4,5).

La noche durante toda la historia de la humanidad es el tiempo para los ladrones, y aún en nuestra era, cuando los hurtos reportados en 2007 arrojan un sorprendente 54.6%, de los perpetuados durante el día en los Estados Unidos, según el FBI, (mayormente en consecuencia a que las casas se encuentran vacías durante el día), la noche continúa siendo el tiempo más preferido para pecar.

La Biblia nos dice: "Pues los que duermen, de noche duermen, y los que se embriagan, de noche se embriagan" (1 Tesalonicenses 5:7). Tanto hombres como mujeres usan la noche para pecar. En Las Vegas, la noche es el tiempo para estar despierto, y el día para dormir. Ésta definitivamente es una patología para los seres humanos, quienes están hechos para aprovechar cada segundo de la luz natural del día. Jesús dijo, "Porque todo aquel que hace lo malo, aborrece la luz y no viene a la luz para que sus obras no sean reprendidas" (Juan 3:20).

Nosotros, como hijos de Dios, somos hijos de luz, porque "Dios es luz y no hay ningunas tinieblas en él" (1 Juan 1:5). Nosotros amamos la luz, porque Él es absolutamente luz.

También la oscuridad es símbolo de carencia de conocimiento, estupidez, torpeza y pobre visión en la vida. La oscuridad es símbolo de miseria, ignorancia y muerte espiritual. Esta es la razón por la que el Espíritu Santo dice, "El pueblo que andaba en tinieblas vio gran luz, los que moraban en tierra de sombra de muerte, luz resplandeció sobre ellos" (Isaías 9:2).

¡Qué maravilloso fue el advenimiento de Cristo a nosotros! Porque Dios había dicho: "Pero hasta hoy Jehová no os ha dado corazón para entender; ni ojos para ver; ni oídos para oír" (Deuteronomio 29:4), pero cuando Cristo Jesús vino, "El pueblo que andaba en tinieblas vio gran luz". ¡Eso es hermoso! Ahora no caminamos en oscuridad, sin entendimiento, o en la miseria o muerte. Caminamos en luz; la oscuridad es sólo parte del pasado de nuestra vida porque Jesús vino. Él es nuestra "estrella resplandeciente de la mañana" (Apo. 22:16).

Cristo es la Luz

"Yo, la luz, he venido al mundo, para que todo aquel que cree en mí no perezca en tinieblas" –Juan 12:46

Registrado en la Biblia leemos como la luz y la oscuridad fueron creadas. La oscuridad fue creada primero en la tierra cuando Él esparció oscuridad sobre la faz del abismo. Luego, Él creó la luz cuando ordenó que la luz resplandeciera y dominara la oscuridad. Él dijo con voz poderosa: "¡Sea la luz!" Tal parece que Juan el apóstol viera ese preciso momento cuando escribe que Cristo Jesús mismo venía a este mundo. Dios había preguntado a Job, "¿Por dónde va el camino a la habitación de la luz, y dónde está el lugar de las tinieblas,[20] Para que las lleves a sus límites, y entiendas las sendas de su casa?"(Job 38:19-20); y Job no supo la respuesta. Sin embargo Juan fue capaz de responder correctamente.

Con la pregunta que Dios hizo a Job, Dios revela, miles de años antes de nuestra era, que había un "camino para la luz" y una "fuente para la luz", un lugar de donde la luz se reparte al universo y es distribuida. El lugar de donde toda la luz proviene. Si hay un camino para la luz, entonces, hay un caminante: La luz. Un caminante siempre tiene una velocidad ¡La velocidad de la luz! Sin embargo, Juan regresa al tema de la luz, no física, sino espiritual. Jesús es el camino de la luz, la fuente y habitación de la luz y la luz misma. Esta luz vino a este mundo para evitar que las tinieblas continuaran dominando sobre la humanidad.

Cuando caminamos en un recinto oscuro, y rápidamente encendemos la luz, instantáneamente las tinieblas desaparecen. No parece que luz tuviera ninguna velocidad, sino que de alguna manera, quizá infinita, tan sólo aparece ahí y esta fue la opinión de los millones que fueron antes de que un astrónomo danés, Olaf Roemer, en Septiembre de 1676, anunciara a la *Academie des Sciences* de París, probablemente basándose en lo que se lee en el libro de Job, que la luz debía tener velocidad. Siguiendo esta idea, Galileo Galilei tuvo también su conclusión y obtuvo, al igual que Olaf Roemer, un valor para la velocidad de la luz. Es por cierto increíblemente exacto el valor que obtuvo Olaf Roemer, el de 220,000 km/s, considerando que esto sucedió hace más de 300 años antes de nosotros. Sin embargo, la pregunta más importante es: ¿Cómo es que esta luz vino a nosotros? Los cálculos de aquellos astrónomos fue hecha en base a la observación de los planetas, pero la luz ya estaba ahí. Dios dijo: "¡Sea la luz!" y las tinieblas huyeron. También imaginamos un momento en la eternidad cuando el Dios Todopoderoso dijo: "¡Sea la luz!" Y entonces la salvación para la humanidad vino a través de la Luz, Cristo Jesús.

Aquel quien "Se cubre de luz como de vestidura, Que extiende los cielos como una cortina" (Salmos 104:2) venía a este mundo. Pablo pudo entender esto desde el principio, cuando tuvo esta tremenda experiencia con Cristo Jesús y fue capaz de testificar: "Cuando a medio día, oh rey, yendo por el camino, vi una luz del cielo que sobrepasaba el resplandor del sol, la cual me rodeó a mí y a los que iban conmigo" (Hechos 26:13). Hoy existe cierta luz en una pirámide de cristal llamada Luxo, en Las Vegas Strip, la cual es considerada la luz más brillante del mundo y es llamada "Sky Bean". La Sky Bean con sus 39 faros gigantescos de xenón de 7,000 watts cada una, es lo bastante luminosa para que alguien pueda leer un libro a 16 kilómetros de donde ésta se encuentra. ¡Imagina! Pero ¿Qué de Jesús? ¿Qué de la luz que vió Pablo? La Biblia nos dice que Su luz "sobrepasa la brillantez del sol".

Jesús habita en luz inaccesible (1 Ti. 6:16), está vestido de luz y dice: "Yo soy la luz del mundo, el que me sigue no andará en tinieblas, sino que tendrá la luz de la vida" (Juan 8:12).

Cada persona que sigue a Jesús tiene la luz de la vida. ¡Gracias al Señor por todos aquellos que han decidido seguir a Jesús cada día!".

Luz Falsa

"Y no es maravilla, porque el mismo Satanás se disfraza como ángel de luz." –2 Corintios 11:14

Las artes escénicas son tan antiguas como la historia de la humanidad. Las danzas de máscaras de muchos tipos han existido durante milenios y aún ejecutadas por tribus tan apartadas y remotas como la de Kalimantan (Borneo, cerca de Indonesia) o en Nueva Guinea, por la misma región en Oceanía.

Los diseños de las artes escénicas fueron desarrollados muchos años antes de la época dorada del teatro Griego (alrededor del año 1600 A.C.) y hoy aún continúan siendo una parte importante de muchas de las presentaciones teatrales en el mundo. Hollywood y Broadway son ciudades famosas por sus enormes producciones de artes escénicas en nuestros días.

Como seres humanos, nos gustan las obras de teatro, somos de forma natural atraídos por el misterio y gozamos de las máscaras. Sin embargo, como hijos de Dios no somos meramente humanos, somos participantes ahora de la naturaleza divina (2 P. 1:4) y no podemos ser engañados por la bella apariencia que el diablo suele mostrarnos. Aún y podemos usar el recurso de las películas y las presentaciones teatrales (yo mismo soy un escritos de dramas cristianos y novelas), sin embargo, debemos siempre recordar la realidad de las cosas malas y nunca confundir la verdadera luz con la que aparenta el diablo.

Satanás nunca muestra la realidad de su fea apariencia, más bien, él usa una máscara, un disfraz de ángel de luz y engaña, aún si fuere posible a los mismos escogidos de Dios (Mat. 24:24). Sin embargo, nosotros renovamos nuestro entendimiento con la Palabra de Dios y vamos cada día a buscar Su rostro para mantenernos en la verdadera luz que es Cristo Jesús.

No sólo el diablo está vestido de una luz que no es real. El mundo tiene una apariencia ficticia y bella, pero está escrito: "… porque la apariencia de este mundo se pasa" (1 Cor. 7:31). La palabra griega <schema> traducida por la RV1960 como "apariencia" es definida como: "los hábitos, modas, modos de vida, figuras, lo que es atraído por los sentidos". Los sentidos son atraídos por las formas de este mundo y es como una bella y maravillosa luz, pero es una luz falsa. Nosotros vivimos, no para satisfacer nuestros sentidos, sino para complacer al Señor, nuestro Dios. Cuando Cristo está en nosotros, Dios dentro de nosotros nos dice vez tras vez acerca de Su Hijo: "Tu eres mi Hijo amado en quien tengo complacencia" (Lucas 3:22). El Padre dice esto acerca de Jesús, pero nosotros recibimos estas palabras también porque Cristo está en nosotros y estamos revestidos de Él (Gal. 3:27).

Muchas veces nos han dicho que vivimos en un mundo pervertido, pero la verdad de las cosas es que esta generación no es la única que ha estado diametralmente opuesta a Dios. Está escrito: "¡Ay de los que a lo malo dicen bueno, y a lo bueno malo; que hacen de la luz tinieblas, y de las tinieblas luz; que ponen lo amargo por dulce, y lo dulce por amargo!" (Isaías 5:20). Aún en los tiempos de Isaías, hace miles de años, existieron gente con mentes pervertidas. La Biblia nos dice que antes del Gran Diluvio "estaba la tierra llena de violencia" (Génesis 6:11) y "vio Jehová que la maldad de los hombres era mucha en la tierra, y que todo designio de los pensamientos del corazón de ellos era de continuo solamente el mal" (Génesis 6:5).

Por ello, no nos debe sorprender lo que esta generación está experimentando, sin embargo, nos levantamos, denunciamos la maldad y al enemigo (la luz falsa) y con todo fervor proclamamos el poderoso nombre de Cristo Jesús.

Mantenemos la Luz

"Más a los hijos de Israel que te traigan para el alumbrado aceite puro de olivas machacadas, para hacer arder las lámparas continuamente" –Levítico 24:2

Dios ha creado muchas cosas naturales para ilustrar cosas espirituales. El aceite de oliva es hecho del árbol de olivo el cual es nativo de la cuenca del Mediterráneo. Probablemente el árbol de Oliva fue el primero en ser domesticado en el Levante Mediterráneo que se extiende desde la península del Sinaí e Israel hasta la histórica Armenia. Eran usados instrumentos rudimentarios desde aquel tiempo (el 4to milenio A.C.) para extraer el aceite, nada en comparación con los procesos modernos. Hoy los procesos modernos incluyen: Cosechar los olivos usando unos gigantescos camiones que sacuden las ramas; limpieza del fruto; molienda de los olivos hasta resultar una pasta; mezclar la pasta y finalmente separar el aceite del agua y de los sólidos vegetales. Hoy el proceso es muy interesante y sofisticado, pero en tiempos antiguos el proceso era mucho más simple y mucho más largo. Los levitas necesitan hacer este proceso. El aceite de las lámparas era un aceite de oliva puro (Lev. 24:1-4). El aceite no era molido en un molino pero era machacado para producir un aceite fino (Ex. 27:20).

El aceite era usado para mantener el menorah siempre encendido tal y como es descrito en la Biblia. La menorah era una lámpara de 7 brazos hecha de oro puro y usada como uno de los utensilios en el tabernáculo levantado por Moisés en el desierto y luego en el Templo de Jerusalén. De acuerdo al Talmud (Shabbat 22b), cada lámpara de la menorah sostenía 9 onzas de aceite de oliva purísimo, suficiente para continuar encendida durante toda la noche. En otras palabras, era necesario medio galón de aceite (como 2 litros) por día para mantener la luz del tabernáculo. Si las olivas de todo un árbol pueden producir de un galón (4 litros) de aceite, la pregunta es: ¿dónde los israelitas obtenían esta increíble cantidad de olivas (posiblemente 17,500 piezas) por semana en medio del desierto?

Una cosa es verdad, el aceite es necesario para mantener el fuego de la lámpara encendida. De la misma manera, el Espíritu de Dios, el mismo que se movía sobre la faz de las aguas en el principio, era necesario para que Dios dijera, "Sea la luz." Luz, la única cosa que viene del cielo a la tierra, pues en el cielo nunca hubo oscuridad, sino que ésta fue creada en la tierra. Esto también es tipo de Cristo, pues Cristo vino del cielo a la tierra, Él es la luz del mundo.

El Espíritu de Dios andaba en medio del campamento de los hijos de Israel (Deut. 23:14) y era puesto simbólicamente por Aarón cada vez en la menorah, para producir luz física, pero luego, el Espíritu de Dios hizo sombra sobre María para concebir por el Espíritu Santo (Lucas 1:35), el ungido, Cristo Jesús.

Jesús es llamado el Mesías, el Ungido, por causa de la luz que el aceite produce. Consecuentemente, no puede haber Luz (Jesús), en nuestros corazones, sin el Aceite, el Espíritu Santo.

Finalmente la chispa que enciende el aceite es nuestra fe. Oramos constantemente que el Señor nos conceda Su poderosa promesa: "Tú encenderás mi lámpara; Jehová mi Dios alumbrará mis tinieblas" (Salmos 18:28).

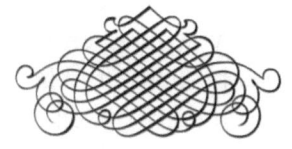

ABSOLUTAMENTE CREADOR

"Porque tú formaste mis entrañas; Tú me hiciste en el vientre de mi madre" –Salmos 139:13

En el principio, Dios quiso crear un ser como Él. Jesús sirvió como modelo, y el hombre fue creado del polvo. El hombre fue creado a la imagen y semejanza de Dios, esta fue la idea del Padre, del Hijo y del Espíritu Santo. ¿Por qué? Porque Él quería comunión con Su creación y quería que el hombre fuera la corona, la gloria ella. También que hubiera un administrador de todo. Por lo tanto, Él dijo: "… y señoree en los peces del mar, en las aves de los cielos, en las bestias, en toda la tierra y en todo animal que se arrastra sobre la tierra" (Génesis 1:26).

Dios hizo toda la creación primero y después de todo, el administrador, Adán, el primer hombre y el comienzo de la raza humana. Él lo hizo especial, así como Dios es especial.

Dios también quiso que el hombre fuera Su gloria; Él quiso estar orgulloso de Su creación y lo hizo la corona de ella. Esa es la razón de este versículo bíblico: "Y serás corona de gloria en la mano de Jehová, y diadema de reino en la mano del Dios tuyo" (Isaías 62:3). El hombre es la gloria de la creación, pues está escrito: Santo, Santo, Santo, Jehová de los ejércitos, toda la tierra está llena de tu gloria" (Isaías 6:3). ¡Cada metro cuadrado en donde el ser humano habita, la gloria de Dios está presente!

Aún la gente más impía de la tierra tiene de alguna manera la gloria de Dios, pues todos estamos hechos Su imagen y semejanza. Tristemente muchos hombres y mujeres han decidido dar la espalda a Dios, su Creador, y voluntariamente han escogido la condenación. Lastimosamente, muchos han sido engañados por Satanás y en lugar de ser orgullo para el Señor, le son una vergüenza. Por ello, "como ellos no aprobaron tomar en cuenta a Dios, Dios los entregó a una mente reprobada, para hacer cosas que no convienen" (Romanos 1.28).

Sin embargo, nuestro Dios dio al hombre Su propio aliento, lo que no hizo con ninguna otra de Sus creaturas. Está escrito: "Entonces Jehová Dios formó al hombre del polvo de la tierra, y sopló en su nariz aliento de vida, y fue el hombre un ser viviente" (Génesis 2:7). Ninguna otra creatura se convirtió en la obra maestra de Dios, creada a Su imagen, a Su semejanza, y que tuviese su propio aliento, con el propósito de mostrar el esplendor de Su gloria y tuviese comunión con Él.

El cuerpo humano, perfección de la creación de Dios, está compuesto por cerca de 37 trillones de células, las cuales están distribuidas en once sistemas y trabajan juntas para mantener la homeóstasis. ¡Qué cosa tan maravillosa!

Dios no es nuestro Creador en el pasado solamente, Él es nuestro Creador hoy, partiendo del hecho que de 50 a 70 billones de nuevas células se producen cada día en el cuerpo humano de un adulto. Él es el Creador de cada una de esas células.

Sin embargo, el cuerpo humano no fue creado solamente para volver al polvo. No fue creado para lo malo, sino para ser un instrumento de justicia (ver Romanos 6:13). Nosotros fuimos creados para vivir por siempre en la presencia de Dios. No fuimos creados para destrucción, tampoco para ser arrasados por la ira de Dios, sino que fuimos creados para Su placer, sin embargo, esa decisión la tomamos aquí, mientras estamos sobre esta tierra.

Finalmente, un día todos, aún aquellos que vivieron en rebeldía contra Dios, reconocerán que Él es el absoluto Creador. Él dice: "Por mí mismo hice juramento, de mi boca salió palabra de justicia, y no será revocada: Que a mí se doblará toda rodilla, y jurará toda lengua" (Isaías 45:23).

El Creador de Maravillas

"Porque tú eres grande y hacedor de maravillas; sólo tú eres Dios" –Salmos 86:10

Llama mi atención la historia de un hombre quien desde su niñez estuvo interesado en los cristales de nieve. Y sorprendente para su edad, él tuvo un sueño: un día él podría fotografiar la apariencia de los cristales de nieve. Años más tarde, él fue capaz de adaptar un microscopio a una cámara fotográfica para poder lograr su sueño. Wilson A. Bentley fue la primera persona en fotografiar el cristal de un copo de nieve en 1885. Cuando hizo esta hazaña era tan sólo un joven de 20 años, y fue sorprendente en verdad que dedicara el resto de su vida a fotografiar los copos de nieve. Nunca dejó esta afición hasta su muerte en 1931.

Una vez dijo: *"Bajo el microscopio, encuentro que un copo de nieve es un milagro de belleza; y es una pena que esta belleza no sea apreciada por otros. Cada cristal es una obra maestra de diseño y ningún diseño se repite. Cuando un copo de nieve se derrite, ese diseño se pierde para siempre. Esa maravilla de belleza simplemente se pierde sin dejar record ninguno."*

Él nunca viajó fuera del pueblo de su nacimiento, Jericho, Vermont, pero se convirtió en un hombre mundialmente famoso los últimos días de su vida, después de la publicación de su colección de fotografías a la que llamó: "Snow Crystals" (publicada por McGraw-Hill en 1931).

Wilson A. Bentley tal vez sospechó de la belleza encerrada en los copos de nieve después de leer el libro del patriarca Job, pues a ese hombre, el Espíritu de Dios en Su sabiduría infinita, le dijo: "¿Has entrado tú en los tesoros de la nieve, O has visto los tesoros del granizo…?" (Job 38:22).

Debido al conocimiento científico de nuestros días, que la creación sea tan asombrosa es una realidad bastante clara para nosotros, pero Job, que vivió miles de años antes, jamás entendería lo que Dios estaba hablando con él y muchas generaciones tuvieron que pasar para que alguien finalmente lo entendiera.

¿Quién hubiera jamás imaginado que el vacío y la gravedad existieran? Por ello Job estaba seguramente perplejo ante la declaración del Espíritu de Dios, "Él extiende el norte sobre el vacío, Cuelga la tierra sobre la nada" (Job 26:7). ¿Quién jamás imaginó que el aire tuviera peso? Sin embargo, Dios lo dijo miles de años antes: "Porque él mira hasta los confines de la tierra, Y ve cuanto hay bajo los cielos. Al dar peso al viento, Y poner las aguas por medida;" (Job 28:24,25) El descubrimiento de que la atmósfera tuviera peso no fue sino hasta el Siglo XVII, cuando Pierre Petit, en 1646, basándose en la teoría de Blaise Pascal, descubriera que la presión de la atmósfera decrece con la altura al llevar un barómetro a la cima de una montaña en Francia. Este experimento confirmaba que la atmósfera tiene peso.

Isaías, inspirado por el Espíritu Santo, habló de la redondez de la tierra cuando declara, "Él está sentado sobre el círculo de la tierra," (Isaías 40:22). Y esto lo dijo cerca de 2 mil años antes de que Cristóbal Colón tan sólo sugiriera tal cosa.

Muchos otros hechos científicos están contenidos en la Biblia, pero la Biblia no es un libro de ciencia natural, es la Palabra de Dios que alimenta el alma y el Espíritu. Sin embargo, algunos destellos de las maravillas de la creación son mencionados en las Escrituras, tan sólo para nos asombremos ante la grandeza de este Creador Absoluto que nosotros tenemos.

Creador de los Seres Espirituales

"Porque en él fueron creadas todas las cosas, las que hay en los cielos y las que hay en la tierra, visibles e invisibles; sean tronos, sean dominios, sean principados, sean potestades; todo fue creado por medio de él y para él" –Colosenses 1:16

Nuestro Dios también es el creador de los seres espirituales. Por ello fue demasiado atrevido de parte del diablo que éste sugiriera a Jesús, el mismo Hijo de Dios, que le adorara, pues satanás sabía y sabe que él es creación de Dios junto con todos los demás seres. El Hijo del Hombre nació para adorar a la Deidad, pero el diablo desafió a Jesús cuando le dijo: "A ti te daré toda esta potestad, y la gloria de ellos, porque a mí me ha sido entregada, y a quien quiero la doy.[7] Si tú postrado me adorares, todos serán tuyos" (Lucas 4:6,7). Sin embargo, el Señor le recordó al diablo su posición como creación cuando le dijo: "Vete de mí, Satanás, porque escrito está: Al Señor tu Dios adorarás, y a él solo servirás" (Lucas 4:8).

En el verso que leemos al principio de este subtema, Colosenses 1:16, es afirmado que Cristo es el Creador de todo, incluyendo los seres espirituales. "Lo que está en los cielos" se refiere (y tal vez principalmente) a los ángeles de Dios, quienes son "espíritus ministradores, enviados para servicio a favor de los que serán herederos de la salvación" (Hebreos 1:14).

Los ángeles son espíritus ministradores. La Biblia menciona arcángeles (aunque sólo Miguel es referido como arcángel, Jud. 1:9); serafines (Is. 6:2,6) y querubines (hay muchas referencias desde Génesis, cuando Dios puso dos guardianes a la entrada del huerto del Edén). Algunos han sugerido que los serafines debieran ser los mayores en jerarquía, puesto que son los más cercanos a Dios. No sabemos exactamente, pero las Escrituras dicen que los ángeles son millones de millones (Apo. 5:11) y el Señor Dios sabe los nombres de cada uno de ellos, pues está escrito: "Él cuenta el número de las estrellas, A todas ellas llama por sus nombres" (Salmos 147:4, ver también Salmos 68:17; Daniel 7:10).

Dios creó los seres espirituales por niveles, lo cual es revelado en el libro de Marcos, pues está escrito: "Cuando él entró en casa, sus discípulos le preguntaron aparte: ¿Por qué nosotros no pudimos echarle fuera?[29] Y les dijo: Este género con nada puede salir, sino con oración y ayuno" (Marcos 9:28,29). Luego Pablo los confirma cuando por el Espíritu escribe: "Porque no tenemos lucha contra sangre y carne, sino contra principados, contra potestades, contra los gobernadores de las tinieblas de este siglo, contra huestes de maldad en las regiones celestes" (Efesios 6:12).

Demonios y espíritus malos son enemigos reales de cada hijo e hija de Dios, pero tenemos la garantía de la victoria en el nombre de Cristo Jesús, pues está escrito: "He aquí os doy potestad de hollar serpientes y escorpiones, y sobre toda fuerza del enemigo, y nada os dañará." (Lucas 10:19). Y también nos dicen las Escrituras: "En mi nombre echarán fuera demonios; hablarán en otras lenguas;[18] tomarán en las manos serpientes y si bebieren cosa mortífera, no les hará daño; sobre los enfermos pondrán sus manos, y sanarán" (Marcos 16:17-18). En otras palabras, Dios ha puesto el reino de las tinieblas bajo la autoridad de la iglesia (ver también Efesios 1:22).

Finalmente, Dios, como creador de todos los espíritus, y el dueño de todas las almas (Ez. 18:4), tiene absoluto dominio sobre toda Su creación y un día cada uno de los espíritus que Él ha creado doblará su rodilla y adorará al Padre y al Cordero de Dios, Cristo Jesús. Está escrito: "Y a todo lo creado que está en el cielo, y sobre la tierra, y debajo de la tierra, y en el mar, y a todas las cosas que en ellos hay, oí decir: Al que está sentado en el trono, y al Cordero, sea la alabanza, la honra, la gloria, y el poder, por los siglos de los siglos" (Apocalipsis 5:13).

Cristo, Co-creador

¿Quién subió al cielo, y descendió? ¿Quién encerró los vientos en sus puños? ¿Quién ató las aguas en un paño? ¿Quién afirmó todos los términos de la tierra? ¿Cuál es su nombre, y el nombre de su hijo, si sabes? –Proverbios 30:4

Cristo es el creador con la divinidad del universo. Este Dios que tenemos que es un único Dios. Este versículo del libro de Proverbios nos revela dos personas creando el universo. Sabemos también desde el libro de Génesis que *varios* crearon al hombre, pues nos dice el texto sagrado: "Entonces dijo Dios: Hagamos al hombre..." (Génesis 1:26), pero el pasaje de Proverbios revela que el Padre y el Hijo crearon el universo.

En varios pasajes de la Biblia se refiera a Dios en plural. Pasajes como Génesis 3:22, Génesis 11:7 e Isaías 6:8 nos ayudan a entender el plural de la divinidad. Algunos pudieran sugerir que este plural nos indicaría que tenemos más de un solo Dios, pero la gramática hebrea de los pasajes, al mismo tiempo, nos indica que Dios es uno (Deut. 6:4).

Como sabemos, Proverbios 8 se refiere a Cristo y éste dice en su versículo 30 que Él estuvo al lado del Padre, como el Maestro Artesano del universo. Nosotros somos de hecho la obra maestra de este gran Maestro Artesano.

Como Maestro Artesano, el universo fue hecho por Él, de acuerdo a pasajes como el de Juan 1:3, que nos dice: "Todas las cosas por él fueron hechas, y sin él nada de lo que ha sido hecho, fue hecho". Asimismo Juan 1:10 dice: "En el mundo estaba, y el mundo por él fue hecho; pero el mundo no le conoció". Hebreos 1:10 también nos dice: "Y: Tú, oh Señor, en el principio fundaste la tierra, Y los cielos son obra de tus manos".

El Señor Jesús es el Creador en Su eterna relación con el Padre, pero también la inspiración de la creación. Está escrito: "Él es la imagen del Dios invisible, el primogénito de toda creación" (Col. 1:15). El Apóstol Pablo utiliza la palabra griega

<*prototokos*> para dar a Jesús la máxima preminencia sobre la creación como el modelo y la inspiración de ésta. Inmediatamente, en el siguiente versículo (Col. 1.16) Pablo continúa con la idea expresada en muchos otros pasajes de las Escrituras, que Jesús produjo toda la creación.

Otro poderoso pasaje dice: "Y escribe al ángel de la iglesia en Laodicea: He aquí el Amén, el testigo fiel y verdadero, el principio de la creación de Dios" (Apocalipsis 3:14). Aquí Cristo es puesto como el eterno "Amén", como siempre "Fiel" y la prioridad de todo; como el Maestro, el Gobernante y Autor de la creación. Así como yo, por ejemplo, soy el principio en la autoría de este libro al cual he titulado "Dios Absoluto, el Origen de la Adoración", Jesús es el principio y autor de toda creación.

Finalmente, Él es el Autor de la vida y Aquel a quien todos los redimidos por Su sangre preciosa contemplamos y en quien esperamos. Está escrito: "En aquel día mirará el hombre a su Hacedor, y sus ojos contemplarán al Santo de Israel" (Isaías 17:7). ¡Qué verdad más especial! Es absolutamente asombroso pensar que un día nosotros podremos contemplar a nuestro Hacedor Cristo Jesús. A algunas personas en la historia les ha sido dado ver al Señor Jesús vivo durante el tiempo que estuvieron en su cuerpo físico, pero la gloriosa promesa dada por Dios es que un día todos nosotros, los que hemos creído en Cristo como Señor y Salvador le veremos cara a cara. Este día será majestuoso para todos nosotros.

Cristo, Creador de una Nueva Naturaleza

"Porque en Cristo Jesús, ni la circuncisión vale nada, ni la incircunsición sino una nueva creación" –Gálatas 6:15

La cosa más asombrosa de Dios como Absoluto Creador es la creación de una *nueva creación*. No es la creación natural y la primera creación del hombre la que nos asombra en primer lugar, sino la creación de un nuevo hombre y una nueva mujer por medio de la preciosa sangre de Cristo, la sangre de Su cruz. Pablo clarifica el asunto de la circuncisión, la cual seguramente los judíos discutían que no sólo pertenecía a la ley de Moisés sino aún antes de ella, con Abraham, y por ello debería continuar siendo observada.

Sin embargo, Pablo dice (y ésta es mi paráfrasis) "No se trata de las cosas exteriores, no se trata del cuerpo físico. No, sino más bien se trata de la nueva creación, del hombre que está adentro del cuerpo". Y ¿cuál es esta "nueva creación"? La nueva creación es un hombre nuevo "creado según Dios en justicia y santidad de la verdad." (Efesios 4:24).

La nueva creación posee otro "material" el cual es llamado "justicia y santidad de la verdad". No es un hombre reformado ni un hombre reparado. ¡Es un nuevo hombre! Cristo mismo ha creado esta nueva creación. No se trata de una terapia en la cual poco a poco el hombre va recibiendo mantenimiento. ¡Dios dice que es una nueva creación!

Tal vez alguna vez escuchaste la historia de un cristiano y un comunista que charlaban sentados en la banca de un parque. Cuando pasó por ahí un hombre vistiendo harapos, el comunista aprovechó la oportunidad para decir: "¡El comunismo pondrá un vestido nuevo en ese hombre! A lo cual el cristiano contestó: "El cristianismo pone un hombre nuevo en esos vestidos viejos"

¿Es la santidad un proceso para cada creyente? Si, lo es. Sin embargo no se trata de ir cambiando gradualmente, sino más bien se trata de ir *aprendiendo* cómo vivir en la nueva naturaleza que de un golpe Cristo nos ha dado. Pablo nos dice: "Revestíos del nuevo hombre… "en otras palabras, ya tienes el nuevo hombre ¿Por qué no lo vistes y caminas en él? Sin embargo, caminar para un bebé pudiera parecer como un milagro en su mente, pues su cuerpo es capaz de hacerlo, pero lo único que tiene que hacer es vencer sus miedos". ¡No tengas miedo! ¡Camina en la nueva naturaleza! Esta nueva naturaleza es santidad y justicia. Otro pensamiento usando el mismo ejemplo del bebé, es que no se trata solamente de cuan fuertes sean las piernas de éste para aprender a caminar, sino más bien, es el sentido del oído el que debe de desarrollarse y sus canales semicirculares, pues ahí está la clave para iniciar a caminar. Las piernas del bebé son lo bastante fuertes desde muy temprano a partir de su nacimiento, pero éste no puede mantener el balance, aún no lo puede dominar. De la misma manera, después de que hemos nacido de nuevo, nos toma tiempo aprender cómo vestirnos de esta nueva naturaleza.

Está escrito. "De modo que si alguno está en Cristo, nueva creatura es, las cosas viejas pasaron, he aquí todas son hechas nuevas" (2 Corintios 5:17). Yo pienso que muchas ocasiones a los seres humanos nos gusta hacer las cosas mucho más complicadas de lo que realmente son. Sin embargo, en relación a este asunto, todas las fuerzas de la oscuridad están interesadas en que no vivamos como una nueva creación. La Biblia nos dice claramente que somos una nueva creación. Muchos cristianos no obedecen a Dios cuando Él nos dice: "¡Mira! ¡Date cuenta! ¡Reconócete a ti mismo como la nueva creación que eres y vive de acuerdo a lo que eres ahora!"

El Señor ha preparado buenas obras para que nos gocemos en hacerlas. "Porque somos hechura suya, creados en Cristo Jesús para buenas obras, las cuales Dios preparó de antemano para que anduviésemos en ellas" (Efesios 2:10). Como resultado del perfecto y completo trabajo que Jesús hizo en la Cruz del Calvario y debido a Su resurrección, somos creados en Él (en Cristo Jesús) para ser como Él. Tú quizá piensas: Jamás podría vivir como Jesús. ¿Tú piensas que no puedes vivir como Él? Mira, Pedro dice por el Espíritu Santo: "Entonces le respondió Pedro, y dijo: Señor, si eres tú, manda que yo vaya a ti sobre las aguas.[29] Y él dijo: Ven. Y descendiendo Pedro de la barca, andaba sobre las aguas para ir a Jesús" (Mateo 14:28-30). ¡Pedro caminó sobre las aguas, tal y como Jesús lo hizo! Este pasaje demuestra que nosotros podemos caminar como Jesús en este mundo.

¿Qué pasó después en este pasaje? Tú conoces la historia. Sin embargo, ¿qué crees tú? Si Pedro no hubiese temido, ¿hubiera completado el viaje? ¡Desde luego que sí! Entonces, el problema radica en la falta de fe. En el mismo sentido, nosotros tenemos en Cristo todo para vivir en Su nueva naturaleza, pero caminar con Cristo sobre las aguas es un asunto de fe y dependencia del poder de Dios.

Cuando Jesús creó para nosotros la nueva creación. Él nos dijo, "Ven". Si nosotros obedecimos a Jesús y salimos de la barca de las cosas naturales para vivir en las sobrenaturales, y ahora nos mantenemos mirando a Cristo solamente, sin tomar en cuenta ninguna otra circunstancia, completaremos nuestro viaje de santidad y de justicia en la verdad que Dios quiso para nosotros.

¡Alabado sea el Señor! Él es el Absoluto Creador de esta nueva creación. ¡Aleluya!

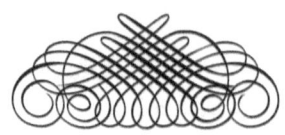

EL DUEÑO ABSOLUTO DE LA ETERNIDAD

Durante miles de años, el hombre ha soñado con vivir eternamente. Aún algunos, teniendo esta idea extravagante, han invertido sus vidas buscando un elixir de la vida o de la juventud. En la antigua China se creía que ingiriendo algunas substancias como el jade, el cinabrio o hematita les haría tener mayor longevidad. Otros pensaron que el oro estaba relacionado con la eterna juventud, puesto que es un material que nunca se empaña ni oxida y así la idea de beber oro se encuentra en la historia de China al menos al término del Siglo III A.C.

Sin embargo, nosotros sabemos que muchos metales, en lugar de ayudar a mantener una buena salud, son altamente tóxicos. Por ello fue que algunos emperadores chinos murieron después de beber tal o cual "Elixir de la Juventud". Por cierto, el historiador británico Joseph Needham compiló una lista de los emperadores chinos que murieron envenenados al beber tales pócimas.

Muchas historias, novelas y películas han sido escritas en relación a este tema tan interesante. En todas ellas se supone que los personajes descubren el Elixir de la Vida. Nicolas Flamel, por ejemplo, quien nación en Paris en 1418, fue un alquimista con reputación que creyó haber descubierto "La Piedra

Filosofal" y mediante ella, la inmortalidad. Pero esto tan sólo sirvió para ser tema de alguna de estas historias fantasiosas del Elixir de la Vida.

En los tiempos antiguos, la gente vivía muchos años. La Biblia registra el caso de Matusalén, hijo de aquel hombre que caminó con Dios, Enoc. Y está escrito: "Fueron, pues, todos los días de Matusalén novecientos sesenta y nueva años; y murió" (Génesis 5:27).

La gente antigua vivía tantos años que el libro de Hebreos nos dice que los patriarcas Abraham, Isaac y Jacob vivieron juntos, aun considerando que Isaac nació cuando Abraham tenía 100 años. La Biblia dice: "Por la fe habitó como extranjero en la tierra prometida como en tierra ajena, morando en tiendas con Isaac y Jacob, coherederos de la misma promesa;" (Hebreos 11:9).

Una interpretación literal de algunos pasajes de Génesis nos guían a pensar que Jacob tuvo 91 años cuando Raquel dio a luz a José. Pero Lea tuvo 6 hijos antes de que José naciera (Gn. 30:20-24. Rubén, el primogénito de Jacob y primer hijo de Lea, nació 7 años antes del nacimiento de José. Esto significa que Jacob tenía 84 años de edad cuando se casó por primera vez. ¡Imagina que alguien se case por primera vez a los 84 años!

Sin embargo, el Señor dice: "No contenderá mi espíritu con el hombre para siempre, porque ciertamente él es carne; más serán sus días ciento veinte años" (Génesis 6:3). La edad de Moisés fue 120 años. Moisés, el mismo que escribió: "Los días de nuestra edad son setenta años; Y si en los más robustos son ochenta años, Con todo, su fortaleza es molestia y trabajo, Porque pronto pasan, y volamos" (Salmos 90:10). ¿Qué significa esto? Dios dijo que la edad máxima del hombre sería 120 años, pero Moisés luego dice que la edad del ser humano en general, a causa del pecado, son 70 u 80 años. Es interesante que la persona de mayor edad (cuya edad ha sido verificada por los medios modernos) fue Jeanne Calment. Ella fue una mujer francesa, quien vivió en Arles, Francia toda su vida y vivió 122 años.

La vida en esta tierra ha sido la meta de muchas personas en la historia, pero Cristo dice: "Cualquiera que bebiere de esta agua, volverá a tener sed; [14] más el que bebiere del agua que yo le daré, no tendrá sed jamás, sino que el agua que le daré será en él una fuente de agua que salte para vida eterna" (Juan 4:13,14). Hay promesas específicas en relación a tener una larga vida en esta tierra, sin embargo, la más importante promesa de Dios es la promesa de vida eterna. "¿No habéis leído lo que os fue dicho por Dios, cuando dijo: Yo soy el Dios de Abraham, el Dios de Isaac, y el Dios de Jacob? Dios no es Dios de muertos sino de vivos." (Mateo 22:31-32) Si tú has hecho de Cristo tu Dios, Él será tu Dios por siempre, porque Dios es Dios de vivos, no de muertos. El mismo Dios eterno, el que estuvo en medio de la zarza ardiendo en fuego pero que no se consumía (Ex. 3.2), es el mismo que estará con nosotros por siempre.

El Cristo Eterno

"Pero tú, Belén Efrata, pequeña para estar entre las familias de Judá, de ti me saldrá el que será Señor en Israel, y sus salidas son desde el principio, desde los días de la eternidad" – Miqueas 5:2

Este versículo es la profecía del advenimiento de Cristo en Su primera venida y es usado para probar que el Mesías nacería en Belén; sin embargo, hay también otro aspecto digno de consideración en este versículo: La eternidad de Cristo. No se trata de que el Mesías, el Ungido, sería Ungido por Dios en un día específico de la historia, no. Cristo es el eternamente Ungido Hijo de Dios. Su unción es parte de Su divinidad y no puede ser puesta en nadie más, porque Cristo es esencialmente ungido. La misma palabra "Cristo" significa ungido, por lo tanto, cuando nosotros llamamos al Hijo de Dios, Cristo, nos estamos refiriendo a la persona que es ungida por Dios especialmente y aparte de cualquier otra.

Nosotros somos ungidos también, y somos ungidos con el mismo Espíritu Santo, pero la unción que nosotros tenemos nos viene a través de Cristo, de Su unción.

Nosotros funcionamos con la unción de Cristo y Él se mueve a través de nosotros por el Espíritu Santo. La Biblia dice que todos en Cristo estamos ungidos, de acuerdo a pasajes como 2 Corintios 1:21; 1 Juan 2.20 y 1 Juan 2:27-28. Ser un ungido significa estar separado para Dios, consagrado a Él.

Cristo como hombre es el puente que tenemos con Dios. Porque Dios no puede admitir suciedad, por ello Jesús, el ungido, santo, perfecto fue hecho Autor de eterna salvación, nuestro mediador y sumo sacerdote. Para respaldar esto menciono por ahora dos versículos: 1 Timoteo 2:5 "Porque hay un solo Dios y un solo mediador entre Dios y los hombres, Jesucristo hombre" y Hebreos 5:9 "y habiendo sido perfeccionado, vino a ser autor de eterna salvación para todos los que le obedecen".

¿Porque dice: "eterna salvación"? Porque la salvación del Señor no es producida por Dios en el instante que Adán y Eva pecaron, ni tampoco es una salvación temporal. Nuestra salvación es eterna porque Cristo, el ungido de Dios es eterno.

Él es el "Cordero que fue inmolado desde el principio del mundo" (Apo. 13:8). "el mismo ayer, y hoy, y por los siglos" (Hebreos 13.8). El Cordero que es digno "de recibir la gloria y la honra y el poder, porque tú creaste todas las cosas, y por tu voluntad existen y fueron creadas" (Apocalipsis 4:11). El Dios eterno, el único dueño de la inmortalidad, porque está escrito: "el único que tiene inmortalidad que habita en luz inaccesible; a quien ninguno de los hombres ha visto ni puede ver, al cual sea la honra el imperio sempiterno. Amén" (1 Timoteo 6:16).

Nuestra salvación fue provista desde antes de la existencia de la dimensión humana del tiempo. Cristo es antes de cualquier limitación y está fuera de todas ellas. Él dijo, "Yo soy el Alfa y la Omega, principio y el fin, dice el Señor, el que es y que era y que ha de venir, el Todopoderoso" (Apocalipsis 1:8). Que Él sea el Creador de nuestra Salvación antes de que el mundo existiera es algo fuera de nuestro entendimiento, pero es verdad. Él vive por siempre. Por lo tanto, Él es el Rey Eterno. El Espíritu dice por Pablo, "Por tanto, al Rey de los siglos, inmortal, invisible, al único y sabio Dios, sea honor y gloria por los siglos de los siglos. Amén." (1 Ti. 1:17).

Nosotros Somos Finitos en esta Tierra

"El hombre como la hierba son sus días; florece como la flor del campo, ^{16}que pasó el viento por ella, y pereció, y su lugar no la conocerá más" –Salmos 103:15-16

Llamas algo finito a lo que tiene un fin o un punto final. El hombre y la mujer tienen un término en esta tierra. Todos nosotros de seguro moriremos. Un día D.L. Moody, el gran evangelista del siglo XIX, dijo a la multitud: "De seguro todos los que estamos aquí, después de 100 años moriremos," y pienso que un bebé como Jeanne Calment, la mujer que vivió 122 años que menciono arriba, no estaba entre esa audiencia.

Dios puso un punto final a la vida del hombre en esta tierra: 120 años. Tú podrías vivir menos de este límite (como la inmensa mayoría) o quizá milagrosamente puedas vivir ligeramente arriba de este límite, como el caso de Calment, pero de seguro finalmente morirás. Está escrito, "Con el sudor de tu rostro comerás el pan hasta que vuelvas a la tierra, porque de ella fuiste tomado; pues polvo eres, y al polvo volverás" (Génesis 3:19).

Muchos filósofos, escritores y gente famosa han dado su opinión acerca de la vida o la muerte. Joe Lous, el famoso boxeador (1914-1981), por ejemplo, el primer afro-americano héroe nacional en los Estados Unidos, dijo algo muy cierto: "Todo mundo quiere ir al cielo, pero nadie quiere morir".

El problema no es morir, sino vivir, y lo que haces mientras estas en esta vida. Mark Twain dijo una vez, "el miedo a la muerte sigue al miedo a la vida. Un hombre que vive a plenitud está preparado para morir". ¿Tú piensas que Mark Twain está en lo correcto? Si, "vivir a plenitud" significa vivir para Cristo, entonces Mark Twan está en lo correcto. De hecho vivir para Cristo es morir o perder nuestra vida. Cristo Jesús dijo, "Porque todo el que quiera salvar su vida, la perderá; y todo el que pierda su vida por causa de mí y del evangelio, la salvará" (Marcos 8:35).

El secreto del servicio de Jorge Müller fue expresado por él en una poderosa frase, la cual es un ejemplo para cada cristiano. "Hubo un día cuando yo morí, completamente morí: Morí a Jorge Müeller, sus opiniones, sus preferencias, gustos y voluntad; morí al mundo, su aprobación o censura; morí a la aprobación o la culpa aún de mis hermanos y amigos. Y desde entonces, he estado ocupado en mostrarme a mí mismo aprobado ante Dios".

De cualquier manera, si vivimos para el Señor Jesucristo o no, un día tendremos que morir, pero Job dice: "Puesto que no son ocultos los tiempos al Todopoderoso," (Job 24:1). Dios tiene control de todos, pero de aquellos que aún no han reconocido a Su Hijo como Señor y Salvador y no están viviendo para Él, no tiene ninguna promesa de longevidad.

¿Cómo un hijo de Dios debería morir? El libro de Job lo revela a nosotros de nuevo: "Vendrás en la vejez a la sepultura, como la gavilla de trigo se recoge a su tiempo" (Job 5:26). Es verdad que tenemos que morir pero debiéramos morir en el tiempo correcto cuando servimos al Señor. Esta palabra se cumplió en Job, pues las Escrituras declaran: "Después de esto vivió Job ciento cuarenta años, y vio a sus hijos, y a los hijos de sus hijos, hasta la cuarta generación. Y murió Job viejo y lleno de días" (Job 42: 16-17).

¿Recuerdas el primer mandamiento con promesa? Efesios 6:2-3 declara: "Honra a tu padre y a tu madre que es el primer mandamiento con promesa,³ para que te vaya bien, y seas de larga vida sobre la tierra." Mira también lo que dice este otro versículo dela Biblia: "El temor de Jehová aumentará los días, Más los años de los impíos serán acortados" (Proverbios 10:27). Tenemos que mantener estas promesas como un ancla en nuestros corazones y repetirlas a nosotros mismos y a nuestros hijos tantas veces como sea posible.

El Señor quiere que vivamos una larga vida sobre esta tierra y nosotros cumpliremos el propósito que él diseñó particularmente para cada uno. ¿Estás listo para morir? Y lo más importante, ¿Ya has muerto para que Cristo viva en ti? ¿Estás listo para realmente vivir?

Nuestros Tiempos están en Sus Manos

"En tu mano están mis tiempos;" –Salmos 31:15

¿Cuánto el eterno Dios tiene cuidado especial de los seres humanos? Esto es un misterio. Que tanto Él está interesado en nuestros tiempos y cuánto tiempo Él establece que vivamos en esta tierra es algo difícil de entender. Sin embargo, es verdad, Él ha establecido nuestros tiempos sobre esta tierra.

Cuando vivimos en la atmósfera de Jesús, Él tiene control de nuestros tiempos y de los bellos momentos que hemos de vivir en esta tierra. No todo pasa en el tiempo que nosotros queremos o esperamos, pero Él cumplirá la promesa que ha dicho; basándonos en esto, descansamos en la palabra que Él ha hablado ya.

Él ha establecido el tiempo correcto para la salvación y el tiempo correcto para la salvación de nuestra alma es hoy mismo. Está escrito, "En tiempo aceptable te he oído, Y en el día de salvación te he socorrido. He aquí ahora el tiempo aceptable; he aquí ahora el día de salvación" (2 Corintios 6:2). Siempre es hoy el día para arrepentirse, como también lo dice el libro de Hebreos, que dice: "antes os exhortamos los unos a los otros cada día, entre tanto que se dice: Hoy; para que ninguno de vosotros se endurezca por el engaño del pecado" (Hebreos 3:13).

De la misma manera, hoy es el día de nuestra sanidad, desde que el Señor la proveyó para nosotros, desde que Él sufrió y murió por nosotros en la cruz, pues dice: "... y por su llaga fuimos nosotros curados" (Isaías 53:5; ver también 1 P. 2:24). A raíz de ello fuimos sanos hace muchos años y esta sanidad nos es hecha efectiva desde que venimos a Cristo y somos salvos. Estas dos cosas no son solo promesas, son hechos consumados y ganados por Jesús en la cruz. No es un cheque pagable, ¡es dinero en efectivo! No es una garantía, es una nuestra propiedad de la que tenemos derecho de gozar mediante la fe en Cristo Jesús. En el pasado, como gentiles, necesitábamos conformarnos con las migajas, pero después de la resurrección de Cristo, tenemos el derecho de sentarnos a la mesa real y comer el pan de los hijos del Rey.

Hoy es el día del bautismo en el Espíritu Santo también. Cada persona que ha recibido el regalo de la salvación tiene también el derecho de esta promesa de Dios. Porque nos dicen las Escrituras: "Porque para vosotros es la promesa, y para vuestros hijos, y para los que están lejos; para cuantos el Señor nuestro Dios llamare." (Hechos 2:39).

Por lo tanto, desde el momento que obedecimos al llamado de Dios somos inmediatamente beneficiarios de la promesa del Padre. Pablo les pregunta a los efesios: "¿Recibisteis el Espíritu Santo cuando creísteis?" (Hechos 19:2). Pablo les informa a los efesios acerca del derecho que cada creyente tiene en Cristo: La promesa del Padre, el Bautismo en el Espíritu Santo.

Entonces, la salvación, el arrepentimiento, la sanidad del cuerpo y el bautismo con el Espíritu Santo en los creyentes son bendiciones provistas por Dios hoy. Dios es un Dios de hoy.

Sin embargo, hay otras promesas que pudieran no alcanzarse precisamente hoy. En cuanto a éstas debemos de ser pacientes y tener fe para alcanzarlas, tal como lo dice el libro de Hebreos: "a fin de que no hagáis perezosos, sino imitadores de aquellos que por la fe y la paciencia heredan las promesas" (Hebreos 6:12). Por ejemplo, la Biblia dice: "Honra a tu padre y a tu madre, como Jehová tu Dios te ha mandado, para que sean prolongados tus días y para que te vaya bien sobre la tierra que Jehová tu Dios te da" (Deuteronomio 5:16).

¿Cuándo esta promesa tiene su cumplimiento? Cuando hemos obedecido el mandamiento del Señor primero (nuestra fe es acción) y mostramos paciencia, porque Dios dice también: "El labrador, para participar de los frutos, debe trabajar primero" (2 Timoteo 2:6). Estas podrían también llamarse, "Promesas a largo plazo".

Otras promesas son específicamente diseñadas por Dios para momentos de crisis. Por ejemplo, la Biblia dice, "Temed a Jehová, vosotros sus santos, Pues nada falta a los que le temen. [10] Los leoncillos necesitan y tienen hambre; Pero los que buscan a Jehová no tendrán falta de ningún bien" (Salmos 34:9-10). Espero que no sea todos los días que tengamos que aplicar esta promesa a nuestras vidas, porque aunque cada día necesitamos la provisión de Dios, podrían ser sólo en tiempos específicos de necesidad cuando recurramos a esta maravillosa promesa disponible para cada hijo e hija de Dios. Dios está presto para asistirnos. Estas podrían ser nombradas como: "Promesas de asistencia inmediata".

Dios conoce el tiempo en que deberás iniciar a trabajar de lleno en el ministerio, si el Señor te ha llamado. Jesús empezó Su ministerio cuando tuvo 30 años (Lucas 3:23); con respecto a Juan el Bautista, la Biblia no menciona cuando específicamente empezó su ministerio, sino sólo nos dice: "Y el niño crecía, y se fortalecía en espíritu; y estuvo en lugares desiertos hasta el día de su manifestación a Israel" (Lucas 1:80). Sin embargo, Moisés empezó su ministerio a la edad de 80 años y David fue ungido cuando fue un adolescente, aunque no fue rey sino hasta los 30 (2 Sam. 5:2). Los biógrafos dicen que probablemente el Apóstol

Pablo iniciara su ministerio a la edad de 35 o 40 años. Otros han empezado sus ministerios a edades muy tempranas y aún algunos afirman que la mayoría de los discípulos de Jesús eran muy jóvenes.

El tiempo cuando cada uno de nosotros sufrirá por la causa del evangelio (si es que queremos reinar con Cristo, según 2 Ti. 2:12), también está determinado por Dios. Y el tiempo que hemos de cosechar, cuando levantaremos la cosecha de lo que hemos sembrado.

El Dios absolutamente eterno ha querido que vivamos nuestro tiempo en esta tierra como dueños de nuestras propias decisiones, pero si diligentemente hemos dado nuestras vidas a Jesús, entonces el pasaje de Salmos 31:15 "En tu mano están mis tiempos" se convertirá en una realidad para nosotros. Es entonces cuando seguimos las notas de la música que Dios ha escrito específicamente para nosotros.

Por el otro lado, el libro de Eclesiastés nos dice: "Todo tiene su tiempo, y todo lo que se quiere debajo del cielo tiene su hora" (Eclesiastés 3:1). Este pasaje frecuentemente ha sido mal entendido al interpretarse desde una perspectiva humanista, pero no a la luz del Nuevo Testamento. Para ello debemos también hacernos estas otras preguntas: ¿Tiempo de nacer? Si se trata de nacer en Cristo Jesús, el tiempo es hoy. ¿Tiempo de morir? Si se trata de morir a nosotros mismos, el tiempo es hoy. ¿Tiempo de arrancar la mala semilla? Si, el tiempo de arrancar la mala semilla es hoy, inmediatamente... siempre hay tiempo para estas cosas. Pero no para pecar, no para malgastar el tiempo, no para ser perezosos o torpes. No debemos demorar mientras vacilamos en hacer la voluntad de Dios o no, aquella voluntad de Dios expresada en las Escrituras.

El Espíritu Santo estará dirigiendo nuestros siguientes pasos. Nos dice el texto sagrado: "Por Jehová son ordenados los pasos del hombre, Y él aprueba su camino" (Salmos 37:23). Permitamos que el Espíritu Santo te guie y tu tiempo en esta tierra te sea satisfactorio. Él cumplirá toda buena palabra que Él ha hablado de ti y tu vida será de ayuda a otros.

Somos Inmortales

"Vida te demandó, y se la diste; Largura de días eternamente y para siempre" –Salmos 21:4

Hay animales que tienen una vida muy corta. Algunos insectos pueden tener vidas tan cortas como 24 horas.

De hecho el animal número 1 en cuanto a corta vida es la cachipolla. El tiempo máximo de su vida es de 24 horas. Su tiempo es tan corto que prácticamente su único objetivo al vivir es reproducirse. Su sobrevivencia depende directamente de la cantidad en que ellas se reproducen inmediatamente después de nacer, trabajan en el asunto de asegurar que su existencia continúe. Por otro lado, algunos reptiles exceden su lapso de vida más que los seres humanos. La tortuga gigante de Aldabra habita en el atolón de Aldabra en Las Seychelles, una isla frente a la costa de África. Se cree que algunos especímenes han vivido más de 200 años, aunque es difícil verificar su edad debido a que sobreviven a sus observadores humanos. El animal más viejo del que se tenga registro es una tortuga de Aldabra llamada Adwaita, quien se cree que tuvo 255 años de edad cuando murió.

El Apóstol Pablo escribió por el Espíritu, "Si en esta vida solamente esperamos en Cristo, somos los más dignos de conmiseración de todos los hombres" (2 Corintios 15:19). Por tanto, si alguien espera vivir solamente esta vida, significa que él o ella no conoce a Dios.

Dios es eterno, Él ha existido y siempre existirá, pero ¿Qué de nosotros? La Biblia nos dice que hay vida eterna en Jesús. Hemos pedido vida al Padre a través de Jesús y Él nos la ha dado. Está escrito, "Y esta es la voluntad del que me ha enviado:

Que todo aquel que ve al Hijo, y cree en él, tenga vida eterna; y yo le resucitaré en el día postrero" (Juan 6:40).

Esto significa que somos inmortales desde el momento que recibimos salvación en Cristo Jesús. Jesús dijo a Nicodemo: "No te maravilles que te dije: Os es necesario nacer de nuevo" (Juan 3:7). Hemos nacido de nuevo, y tenemos vida eterna en esta nueva creación.

En el libro de Daniel leemos, "y muchos de los que duermen en el polvo de la tierra serán despertados, unos para vida eterna, y otros para vergüenza y confusión perpetua" (Daniel 12:2). Esta es una palabra para quienes han muerto en Cristo. Ellos despertarán para vida eterna. No hay vida eterna para el malvado, él, por el otro lado, será despertado para vergüenza y confusión perpetua.

En cierto sentido toda la gente tiene almas inmortales, sin embargo, la vida eterna es exclusivamente para los verdaderos seguidores de Jesús. El Señor dice, "y yo les doy vida eterna; y no perecerán jamás, ni nadie las arrebatará de mi mano" (Juan 10:28). Tenemos la seguridad de que nunca pereceremos. Si somos los mejores jugadores del equipo de Jesús o si algunos tan sólo se salven como por fuego (1 Cor. 3:15), si somos capaces de permanecer en Jesús, gozaremos de una permanente vida eterna.

Sin embargo, es necesario remarcar, ¿realmente quisieras sufrir la pérdida descrita en 1 Corintios 3? Desde luego que no. ¿Verdad? Por ello, por favor pon atención a este mandamiento del Señor: "Y todo lo que hacéis, sea de palabra o de hecho, hacedlo todo en el nombre del Señor Jesús, dando gracias a Dios Padre por medio de él" (Colosenses 3:17).

CRISTO, LA PLENITUD DE TODO

"Por cuanto agradó al Padre que en él habitase toda plenitud" –Colosenses 1:19

Muchas historias de horror podrían contarse acerca de la gente que padece de adicciones. Una persona que está adicta a los juegos de azar, por ejemplo, podría pasar todo el día y toda la noche jugando hasta que el sueño le venza. Él o ella podría gastar todo cuanto posee y aún endeudarse con la esperanza de recobrar lo que ha gastado.

El juego compulsivo, también llamado desorden de juegos de azar (inglés: gambling disorder), es una urgencia incontrolable para mantenerse jugando sin considerar el costo, aún si esto fuera su propia vida. En los juegos de azar una persona está dispuesta a tomar el riesgo de arriesgar cualquier cosa que tenga valor con la esperanza de obtener algo de mayor valor.

Para un adicto a los juegos de azar, el juego es más importante que la vida misma. Como las drogas, la gente adicta podría cometer muchos delitos con tal de hacerse del dinero que dé combustible a su vicio. Muchas historias verdaderas de gentes que pudieron haber tenido un gran futuro y que ahora son tal sólo caras tristes sentadas en la cárcel. ¿Por qué? "Por qué una adicción puede consumir la vida entera de una persona, pues esto se vuelve el todo de ella.

Una persona que es adicta al sexo, a las drogas, al dinero o a los juegos de azar o al alcohol está destruyendo su vida cada día que pasa. Sin embargo, ¿qué hay de la "adicción" a Cristo? Cuando una persona está interesada en todo lo que envuelve obedecer a Cristo Jesús, se puede decir que es adicta a Él. Para un verdadero cristiano, el Señor es el todo en todo, su vida entera está centrada en Él. Él es la causa de su felicidad y la razón para vivir.

Está escrito, "… de reunir todas las cosas en Cristo, en la dispensación del cumplimiento de los tiempos, así las que están en los cielos, como las que están en la tierra," (Efesios 1:10). La Biblia nos dice que todo está centrado en Cristo. Por ello es que Cristo se ha convertido en nuestro universo, nuestro pensamiento y nuestro hablar. Seguimos a Cristo Jesús en todo lo que Él hace y piensa. Soñamos acerca de Cristo Jesús durante la noche y mientras estamos despiertos.

Yo fui salvo desde que era un niño y no recuerdo un solo momento cuando no estuviera consiente acerca de la presencia del Señor, aun cuando Él me reprendía al estar haciendo algo injusto o por mero gusto personal; todo ha sido consciente de Su presencia. Algunos cristianos temen ser vistos como "Religiosos o fanáticos", pero es difícil pensar acerca de Pedro o de Pablo diciendo a alguien, "por favor, mantén las cosas en balance, no pienses demasiado en Jesús, no sea que te vuelvas en un fanático". Por el contrario, fue Pablo quien escribió, "… Cristo es el todo en todo" (Col. 3:11).

Alguien vino a Jesús y le preguntó, "Maestro, ¿cuál es el gran mandamiento en la ley? [37] Jesús le dijo: Amarás al Señor tu Dios con todo tu corazón, y con toda tu alma, y con toda tu mente" (Mateo 22:36-37). Hoy mucha gente ha sido enseñada a pensar en términos de "balance", pero Jesús nos dice que Su "balance" es incluir a Dios en todo y amarlo a Él con pasión y sin reservas.

Ningún esfuerzo podría ser suficiente; nuestra "adicción" a Jesús siempre estará ahí. Recibimos Su voz hoy, pero durante la noche soñamos cómo complacerle por la mañana. Dios es absolutamente en todo, Él está en cada área de nuestras vidas y nada puede estar excluido. Vivimos para Su gloria y nuestras palabras y acciones reflejan Su carácter y personalidad.

Mira lo que la gente dice acerca de los primeros discípulos del Señor. Está escrito, "Entonces viendo el denuedo de Pedro y de Juan, y sabiendo que eran hombres sin letras, y del vulgo, se maravillaban: y les reconocían que habían estado con Jesús" (Hechos 4:13).

¿La gente se da cuenta de que has estado a los pies de Jesús? Este es el resultado de nuestra "adicción" finalmente la gente verá a Cristo en nosotros.

Cristo, Nuestro Tesoro Escondido

"El hombre bueno, del buen tesoro de su corazón saca lo bueno; y el hombre malo, del mal tesoro de su corazón saca lo malo; porque de la abundancia del corazón habla la boca" – *Lucas 6:45*

Jesús contó la historia de un hombre que encontró un tesoro escondido en un campo. Al encontrarlo, lo escondió otra vez, y con gozo fue y vendió todo lo que tenía y compró ese campo (Mat. 13:44). Imagina el escenario. No importando el costo, el tesoro que se encuentra en ese campo es más valioso. Jesús estaba hablando del reino de Dios, y el reino de Dios es Cristo mismo. ¿Cuánto estás dispuesto a pagar por Jesús?

Algunos han gastado grandes cantidades de dinero por casarse con una dama, porque ellos consideran esa dama es muy valiosa. Una vez escuché el caso cierto de hombre en cierto país, mucho tiempo atrás. En ese país tenían la costumbre de que el pretendiente de dama pagaba una dote por ella a fin de poderse casar con ella. Dependiendo de qué tan hermosa y talentosa era la dama, el pretendiente estaba dispuesto a pagar una cantidad cada vez mayor. El costo se podría dar en especie, y lo común era dar vacas. El más alto costo que se podría dar como dote por una dama eran 10 vacas y el mínimo era una vaca, y era el padre de la dama quien establecía esto. Una vez un hombre pretendiente de una dama fue a hablar con su padre. El padre de la dama, quien conocía la belleza y talento de sus hijas, le dijo al pretendiente, "dame una vaca por mi hija". El pretendiente contestó y dijo al padre, "te daré 10 vacas". El padre movió sus entrecejos expresivamente y preguntó: "¿por qué?". "Yo creo en mi chica" – respondió el pretendiente – "realmente veo el tesoro escondido en ella". El final de la historia fue que eventualmente esa chica que era considerada como la de menor valía se convirtió en lo que el pretendiente pensó de ella.

La Biblia dice acerca de la relación de Dios con Israel, "Y yo pasé junto a ti, y te vi sucia en tus sangres, y cuando estabas en tus sangres te dije: ¡Vive! Sí, te dije, cuando estabas en sus sangres: ¡Vive! [9] Te lavé con agua, y lavé tus sangres de encima de ti, y te ungí con aceite" (Ezequiel 16:6,9). Algo especial vió el Señor en nosotros, Él tuvo una misericordia increíble de todos nosotros como pecadores. El costo fue alto, el sacrificio de Cristo. Está escrito, "Porque habéis sido comprados por precio;" (1 Corintios 6:20).

Más tarde, nosotros comprendimos el amor de Dios, vimos a Cristo como el más valioso de los tesoros que hubiésemos encontrado jamás. Vendimos entonces todo por ganar Su amor. Jesús dijo cierto día a un hombre que quería seguirlo, "Una cosa te falta, anda, vende todo lo que tienes, y dalo a los pobres, y tendrás tesoro en el cielo; y ven, sígueme, tomando tu cruz" (Marcos 10:21).

¿Por qué Jesús pidió a este hombre tal cosa? Porque Él quiere ser nuestro tesoro escondido, lo más valioso en nuestras vidas; muchas veces, las riquezas de este mundo nos son un impedimento para amarlo a Él sobre todas las cosas. Hay algunos cristianos ricos con un fuerte amor al Señor, pero la mayoría de las veces es difícil encontrar cristianos realmente comprometidos entre los que tienen muchas riquezas, y esto confirma lo que dijo Jesús que es difícil que un rico, que confía en las riquezas, entre en el reino de Dios. La pregunta emerge, entonces, ¿Por qué a muchos cristianos les gustaría ser ricos? Pablo dice, "Porque los que quieren enriquecerse caen en tentación y lazo, y en muchas codicias necias y dañosas, que hunden a los hombres en destrucción y perdición" (1 Timoteo 6:9).

¿Cuál es nuestro tesoro? Dependiendo de nuestro tesoro, de ahí tomaremos y es lo que saldrá de nuestros labios.

Jesús nos dice otra vez, "porque donde está vuestro tesoro, allí estará también vuestro corazón" (Mateo 6:21).

Estamos Completos en Cristo

"y vosotros estáis completos en él, que es la cabeza de todo principado y potestad" –Colosenses 2:10

La mayoría de la gente en este mundo está esperando tener algo para ser feliz. Casi cualquier persona necesita de algo para completar su felicidad. Los casados piensan tener otro cónyuge para ser felices. Los solteros quieren casarse con una bella joven o un apuesto y rico varón para ser felices. Los pobres piensan que los ricos son felices y los ricos piensan que muchas veces la población pobre parece ser más feliz que ellos. A los famosos les gustaría ser gente ordinaria y a los ordinarios les gustaría ser famosos…

Podemos ser optimistas acerca del futuro, pero, ¿qué del tiempo presente? ¿Piensas que estás completo? Tal vez tú no tienes una casa con espacio suficiente o tal vez no tienes siquiera una propiedad. Quizá carezcas de tus padres, o tu esposo o esposa te ha dejado. Quizá perdiste un hijo u otro está perdido en las drogas. Posiblemente sueñas en vivir en cierto lugar o gozar de cierta posición que nunca has podido alcanzar. Tal vez no tuviste la oportunidad de estudiar en una universidad y tienes que conformarte con un diploma de secundaria o preparatoria.

El mundo ofrece muchas cosas, pero muchas veces no alcanzamos lo que tenemos en mente. Cuando somos niños queremos ser alguien, desde luego que deseamos tener "una vida exitosa". ¿Qué es eso de tener una "vida exitosa"? La vida basada en la información que podemos ver en los medios da a la mayoría la definición de éxito.

No obstante, el Señor nos dice que Él es absolutamente suficiente para nosotros en esta vida. Nosotros estamos completos en Él y no carecemos de nada teniéndolo a Él. Algún predicador de la prosperidad podría enseñar que si damos cierta cantidad de dinero recibiremos 100 veces más de lo que hemos dado, y de esta manera tu podrás comprar lo que siempre has anhelado, pero, ¿qué es esta enseñanza en medio de todo el contexto de las Escrituras? ¿Qué si Dios te dice que no necesitas de nada más porque Él es suficiente y absolutamente suficiente para completar tu felicidad?

Desde luego, que nunca será la voluntad de Dios que vivamos en miseria o que carezcamos de las cosas esenciales para la vida. Podemos orar por las cosas buenas que nos gustaría tener en esta tierra, pero, nada será sino una "adición" cuando lo tenemos a Él.

Cristo es nuestra bendición. Cuando tenemos a Cristo nosotros somos bendecidos. No importa las cosas materiales que tengamos, el país en donde vivamos o la edad que tengamos ahora. Estamos completos en Él.

Romanos 8:32 dice: "El que no escatimó ni a su propio Hijo, sino que lo entregó por todos nosotros, ¿cómo no nos dará también con él todas las cosas?". Tenemos el derecho de todas las cosas buenas de esta vida, pero, ¿Qué pudieras necesitar cuando estás frente a la cruz pidiendo misericordia? ¿Qué es el que pudieres necesitar cuando has sido perdonado? pues nos dice la Biblia: "Bienaventurado aquel cuya transgresión ha sido perdonada, y cubierto su pecado" (Salmos 32:1). Si piensas y realmente crees que estás completo en Cristo, el mismo Cristo te dará gratuitamente todas las cosas que necesites, muchas veces aún sin tú pedirlas. ¿Alguna vez has experimentado tal cosa?

Cristo es nuestra riqueza, nuestro tesoro escondido, alguna vez has leído este pasaje: "Porque en todas las cosas fuisteis enriquecidos en él" (1 Corintios 1:5). ¡Somos ricos! ¡Ya somos ricos y bendecidos por tener a Cristo mismo! Mira lo que el Señor dice a la iglesia de Esmirna: "Yo conozco tus obras, y tu tribulación, y tu pobreza (pero tú eres rico);" (Apocalipsis 2:9). El Señor dijo a la iglesia de Esmirna que ellos eran ricos y lo mismo dice a todos los demás creyentes, ¡Ustedes son ricos! ¡No nos falta nada! ¿No es lo que el Señor dice? "Jehová es mi pastor; nada me faltará" (Salmos 23:1).

Tal vez, al estar leyendo esta sección podrías pensar. ¡Espera un momento! ¡Yo tengo necesidades! ¿Cómo podría vivir tan sólo teniendo a Jesús?" Mi respuesta es esta: "Pruébalo". Ve al Señor y dile: "Señor, tú eres todo para mí, soy bendecido y contigo lo tengo todo". Ve sino el Señor mismo te provee todo lo que te falte y cómo el Señor quita de tu mente aquellas cosas que son superficiales y que aun puedan alejarte de Él. Tú mismo tendrás la experiencia de cómo el Señor te revela Su mente.

Estamos completos en Él y porque Él es la cabeza de todo principado, poder y autoridad, tenemos las peticiones que de acuerdo a Su voluntad le hagamos en el tiempo perfecto. Examina la Biblia porque muchas veces pudieras estar pidiendo cosas que realmente ya tienes, son cosas que ya nos han sido otorgadas a través de Cristo Jesús.

Hemos Recibido de Su Plenitud

"Porque de su plenitud tomamos todos, gracia sobre gracia" – Juan 1:16

El río más largo del mundo es el Río Nilo (aunque a últimas fechas se debate si es el Amazonas el más largo). El río Nilo tiene dos recursos principales. El primero es llamado río Nilo Blanco, el que tiene su nacimiento más lejano en Ruanda y el río Nilo Azul, que comienza en el lago Tana en Etiopía, y fluye a lo largo del sudeste de Sudán. El río Nilo fue literalmente adorado por los egipcios porque su vida dependía de él, y aún hoy para muchos egipcios. Casi cada recurso era tomado del río y, sin el río, la vida para los egipcios parecería imposible. De hecho todas las ciudades importantes en Egipto están localizadas a la ribera del río.

Hace algún tiempo cuando ejercía mi profesión como Ingeniero Civil, estaba contratado para construir una planta de cemento en Asyut, ciudad localizada a 415 kilómetros de El Cairo, sin embargo, el Señor no lo permitió, Él tenía otros planes para mí y finalmente no tuve la oportunidad de vivir en Egipto (como estaba planeado). Sin embargo, sabíamos que el río Nilo es más que un simple río y dedicamos algún tiempo para estudiar sobre él.

Este es un buen ejemplo para describir lo que Juan tenía en mente cuando escribió por el Espíritu, "de Su plenitud tomamos todos". Cada cristiano ha recibido salvación y los beneficios derivados de ella, en consecuencia de Cristo. Cristo es la fuente de todo el poder de la iglesia. Él es la plenitud, es un recurso tan grande que es imposible agotar. Cada ministerio no es simplemente una combinación de habilidades humanas y el poder de Dios, se trata de Cristo sólo. ¿Por qué? Porque la Biblia declara: "Porque ¿Quién te distingue? ¿O qué tienes que no hayas recibido? Y si lo recibiste, ¿Por qué te glorías como si no lo hubieras recibido? (1 Corintios 4:7).

Hemos recibido todos los talentos y facultades del Señor. Él es de quien nos mantenemos, estamos seguros y saludables. Él es quien suministra el Espíritu Santo. Su unción no tiene medida, Él es infinito. Hemos tomado de Él toda bendición, toda promesa, cada uno de los recursos proviene de Él. Él es quien mantiene el universo en movimiento. Cada átomo en el universo es mantenido vivo por causa de Él, pues está escrito, "en él todas las cosas subsisten" (Col. 1:17).

Su generosidad no cesa. A Él le gusta ser generoso con Su gente fiel en el cielo y en la tierra. Ellos reciben lo mejor, pero aún los injustos y pecadores reciben cosas buenas. Está escrito, "Bueno es Jehová para con todos, Y sus misericordias sobre todas sus obras" (Salmos 145:9). Hemos recibido salvación, la más grande gracia, y debido al carácter del Señor, continuamos recibiendo gracia sobre esta gracia. La salvación nos ha traído sanidad al cuerpo, pero también Él nos da el fruto del Espíritu y el Bautismo con el Espíritu Santo. Recibimos muchas otras bendiciones adicionales, tales como la bendición de mantener una buena salud, una familia cristiana, y muchas otras bendiciones, todo proveniente de Él. Él ha provisto toda clase de promesas para cada uno de los aspectos de la vida humana sobre esta tierra y todas las provisiones después de la muerte. Él es el camino, el Señor tiene toda plenitud de la que todos tomamos. Aun Judas comía de su plato minutos antes de traicionarlo, y aún tuvo la oportunidad de arrepentirse. Si al menos él hubiera entendido que Cristo desde la cruz lo estaba perdonando, no hubiera terminado con su vida. Su trono tuvo que ser ocupado por alguien más.

Tristemente, mucha gente en el mundo ha dado por sentado Su generosidad, y no se muestran realmente agradecidos para con Él. Juegan con Su corazón y finalmente se condenan asi mismos debido a su comportamiento pecaminoso. Aun así, si en el último minuto de sus vidas se arrepienten y arrodillan sus corazones al Señor, Él es tan misericordioso que les perdona y les lleva al cielo debido a Su promesa de enorme misericordia en Cristo Jesús. Sin embargo, muy poca gente tiene esa oportunidad.

La Autopista de Amor

"Y de conocer el amor de Cristo, que excede a todo conocimiento, para que seáis llenos de toda la plenitud de Dios" – *Efesios 3:19*

¿Cómo podríamos tener la plenitud de Dios? La voluntad de Dios es que cada discípulo de Cristo alcance Su plenitud. La plenitud de Dios es Cristo mismo. El Apóstol Juan los dice simplemente así, "Dios es amor" (Juan 4:8). Por lo tanto, Cristo es amor, la plenitud de Dios.

La única manera de ser llenos de Dios es ser llenos de Su amor, el amor de Cristo. Cada vez que tenemos contacto con un ser humano, debemos mostrar el amor de Dios. Cada vez que tenemos contacto con un ser humano es una oportunidad de mostrar el amor de Dios en nosotros. El amor de Dios viene del corazón, el que es definido en 1 Corintios 13, el amor mostrado por Cristo cuando moría por nosotros en la cruz.

La Biblia nos dice que este amor es extraordinario y milagroso. El amor de Dios no puede ser entendido por un incrédulo. Éste no puede ser entendido por la mente secular. Un científico ateo no puede captar la idea de este amor sacrificial.

Hoy vivimos en un mundo egoísta. Cada uno piensa tan sólo en sí mismo. "¿Qué puedo hacer para ser rico? ¿Qué puedo hacer para ser famoso? ¿Qué puedo hacer para obtener mayor placer carnal? ¿Cómo puedo obtener el honor de otros?" estas son las preguntas más frecuentes que se hace el mundo, sin embargo, Dios nos muestra el más excelente camino, la Autopista del Amor.

¿Cuál es la razón de cada conflicto que se suscita en el mundo? La Biblia nos dice, "¿De dónde vienen las guerras y los pleitos entre vosotros? ¿No es de vuestras pasiones, las cuales combaten en vuestros miembros?" – Santiago 4:1. Cuando una persona no está llena con el amor de Dios, él o ella puede ser un instrumento de guerra en este mundo.

Tal vez no nos demos cuenta, pero la solución siempre es el amor. En cada caso de una relación lícita, la solución es el amor, y el amor es definido como sacrificarnos a nosotros mismos, así como Jesús lo hizo. Estar llenos del amor de Dios es estar dispuestos a hacer lo que Jesús hizo por nosotros.

Mucha gente en nuestros días proclama ser cristiano y van a la iglesia, pero tan sólo los verdaderos y perfectos cristianos pueden mostrar el auténtico amor de Cristo. Nosotros somos representantes de Cristo en este mundo y el único camino para mostrar a Cristo al mundo es a través del amor.

Clamamos por el amor de Cristo y Sus milagros y Sus maravillas. Clamamos por Su misericordia para con los pecadores, pero cuando estamos llenos del amor de Cristo naturalmente somos capaces de mostrar amor al mundo y Su misericordia será manifiesta a través de nosotros, porque Cristo ya murió, ¿Qué más quieres que Él haga por nosotros? Ahora es nuestro turno.

Tú puedes ser lleno con el conocimiento, sin embargo, Efesios 3:19 dice: "y de conocer el amor de Cristo, que excede a todo conocimiento,". El amor de Dios no es un mero conocimiento, es algo que excede a todo conocimiento. Oramos porque Dios ponga ese amor en otros muchas veces; pero en lugar de orar solamente que el Señor cambie a los demás, necesitamos orar que Su Espíritu nos cambien a nosotros y seamos llenos de Dios realmente. Eso se logra a través de la adoración al Señor, porque cuando adoramos el amor de Dios llenará nuestros corazones, seremos llenos de Su plenitud, y Su plenitud es el amor.

DIOS TODOPODEROSO

"*Yo soy el Alfa y la Omega, principio y fin, dice el Señor, el que es y que era, y que ha de venir, el Todopoderoso*" – Apocalipsis 1:8

El poder de Dios es manifiesto en la tierra desde la creación misma en Génesis capítulo 1. Desde entonces, muchas intervenciones más del poder sobrenatural de Dios son narradas en la Biblia. ¿Por qué? Es tan sólo la manera en que Dios es, Él es Todopoderoso, y le gusta mostrar Su poder.

Los milagros no pueden cesar porque Dios es todo poder y, ¿Cómo podríamos realmente creer que Él es todopoderoso sino es viendo Su poder sobrenatural en acción? El libro de Apocalipsis es el último en ser escrito. En este Juan narra como él fue tomado al cielo, "para manifestar a Sus siervos las cosas que deben suceder pronto;" (Apocalipsis 1:1). Partiendo de que este hecho está fuera de la habilidad natural de cada uno, esto que sucedió con Juan puede ser contado como un milagro, tal vez el último milagro narrado en la Biblia aplicado a una persona viva. Muchos años después de la resurrección de Cristo, los milagros continúan sucediendo, porque Cristo es el mismo de ayer, hoy, y por los siglos (Heb. 13:8), por lo tanto, Juan no fue la última persona que experimentó un milagro de Dios.

Los milagros no pueden negarse a través de la Biblia, pero siempre los milagros tuvieron un propósito: mostrar la gloria de Dios en la tierra. Jesús siempre usó el poder de Dios a través del Espíritu Santo en beneficio de la humanidad. Lucas 4:18-19 nos dice; "El Espíritu del Señor está sobre mí, Por cuanto me ha ungido para dar buenas nuevas a los pobres; Me ha enviado a sanar a los quebrantados de corazón; A pregonar libertad a los cautivos, Y vista a los cielos, A poner en libertad a los oprimidos, [19] A predicar el año agradable del Señor" (Lucas 4:18-19). Nunca Jesús usó el poder de Dios para hacerse rico o tener deleites en las cosas de esta vida. Si observamos detenidamente este pasaje, y aún la vida misma de Jesús, Él siempre usó el poder de Dios para el beneficio de otros.

Jesús se identifica así mismo como el Todopoderoso en Apocalipsis 1:8, Aquel que puede hacerlo todo posible; y Cristo, siendo Dios, tal y como Filipenses capítulo 2 lo describe, Él se despojó a sí mismo de los privilegios y legítima dignidad como Dios y usó el poder del Espíritu Santo, tal y como nosotros hoy en Su Nombre. Sin embargo, Él usó ese poder exclusivamente para la gloria de Dios. Una vez Él dijo: "Las zorras tienen guaridas, y las aves del cielo nidos; más el Hijo del Hombre no tiene dónde recostar su cabeza" (Mateo 8:20). Hoy muchos ministros podrían usar el poder de Dios para tener una vida confortable en esta tierra, pero Jesús rehusó usar el poder de Dios para traer un beneficio personal o comodidad, Él no buscó otra cosa sino la gloria de Dios.

Jesús no usó el poder de Dios ni siquiera para deshacerse de sus enemigos. Mateo 26:53 declara: "¿Acaso piensas que no puedo ahora orar a mi Padre, y que él no me daría más de doce legiones de ángeles?". Jesús fue absolutamente obediente al Padre. Él nunca tuvo en mente hacer algo que estuviese en contra de la voluntad de Su Padre. Cuando Jesús estuvo en Getsemaní, cuando oró al Padre que le confortara en ese momento de dolor, Él quiso hacer la voluntad de Su Padre, y fue oído (tal como lo declara Hebreos 5:7) debido a Su "Temor reverente". Nunca pensó en no ir a la cruz, pero tal vez pensó que podría morir antes en consecuencia a los angustiantes momentos que estaba soportando. Uno de Sus mejores amigos le estaba traicionando, Él sabía lo que sucedería con los otros. Él estaba muy triste y angustiado. Por lo tanto, Dios el Padre escuchó Su clamor y envió un ángel para confortarlo. Está escrito: "Y se le apareció un ángel del cielo para fortalecerle" (Lucas 22:43).

Algunos teólogos han tratado de humanizar el evangelio, pero el evangelio siempre será divino. Jesús no podría mostrar debilidad o deseo en hacer algo en contra de la voluntad de Su Padre, pero Él quería ser confortado en esa hora tan difícil, porque Su angustia era tremenda (Mat. 26:37-38). Entonces, el Padre envió un ángel para ayudarle y así aliviar Su tristeza y angustia.

Jesús siempre hizo con gozo la voluntad de Su Padre y nunca tuvo en Su mente algo diferente sino cumplir la voluntad de Dios. El libro de Hebreos nos dice: "puestos los ojos en Jesús, el autor y consumador de la fe, el cual por el gozo puesto delante de él sufrió la cruz, menospreciando el oprobio, y se sentó a la diestra del trono de Dios" (Hebreos 12:2). La Biblia nos dice que Jesús estuvo angustiado hasta la cruz (Lucas 12:50) también nos dice que estuvo gozoso al pensar en el resultado de ella. Él tendría una iglesia que hubo comprado con Su propia sangre.

Por lo tanto, Cristo siempre se comportó como un hombre perfecto, aún en los momentos más difíciles de Su vida, y usó el poder de Dios para hacer la voluntad del Padre. Jesús dijo, "No puedo yo hacer nada por mí mismo; según oigo, así juzgo; y mi juicio es justo, porque no busco mi voluntad, sino a voluntad del que me envió, la del Padre" (Juan 5:30). Él tuvo una idea idéntica a la del Padre, pero también reconoció que Su proceder no provenía de Él sino del Padre. No podemos nosotros siquiera imaginar el espíritu de negación propia que tuvo nuestro amado Salvador.

La tremenda lección de todo esto es que si queremos tener el poder de Dios, necesitamos el espíritu de negación propia que tuvo Jesús. Los apóstoles conocían el secreto y declararon: "ni buscamos gloria de los hombres; ni de vosotros, ni de otros, aunque podíamos seros carga como apóstoles de Cristo" (1 Tesalonicenses 2:6).

Si creemos en los milagros, el único camino para que esos milagros ocurran es que sean a través nuestro, pero si queremos que el poder de Dios se manifieste a través de nosotros necesitamos fe y no buscar nuestra propia gloria ni nuestro propio beneficio sino el beneficio de la humanidad, tal y como Jesús. Está escrito, "Considerad a aquel que sufrió tal contradicción de pecadores contra sí mismo, para que vuestro ánimo no se canse hasta desmayar" (Hebreos 12:3).

El Gran Poder de Dios

"Y extendió Moisés su mano sobre el mar, he hizo Jehová que el mar se retirase por recio viento oriental toda aquella noche; y volvió el mar en seco, y las aguas quedaron divididas. ^{22}Entonces los hijos de Israel entraron por en medio del mar, en seco, teniendo las aguas como muro a su derecha y a su izquierda. – Éxodo 14:21-22

Un milagro es algo sobrenatural. Es hecho por un Dios sobrenatural en beneficio de la humanidad y no puede explicarse por medios naturales. Algunos estudiosos han tratado de proponer algunas explicaciones naturales al partimiento de Mar Rojo, pero tal empeño es un error, porque el poder de Dios no puede ser explicado por los seres humanos o la ciencia natural.

La Biblia nos da algunos detalles acerca de este milagro. Nos dice que un fuerte viento oriental causó que el agua se juntara e hiciera dos enormes paredes y en medio quedó la tierra seca. Otro versículo dice; "Al soplo de tu aliento se amontonaron las aguas. Se juntaron las corrientes como en un montón; los abismos se cuajaron en medio del mar" (Éxodo 15:8; ver también Sal. 78:13). Esto significa que las aguas formaron enormes murallas a un lado y otro de un profundo camino en el fondo del mar. El problema físico es este: si un enorme viento se presenta, ¿qué de la gente? Debería ser entonces un viento específicamente dirigido que no causara ningún daño a nadie de entre la multitud.

La Biblia describe el fondo del mar en donde los hijos de Israel pisaron era como un abismo. Está escrito; "Reprendió el Mar Rojo y lo secó, Y les hizo ir por el abismo como por un desierto" (Salmos 106:9). Los científicos no se han puesto de acuerdo en el lugar exacto en donde fue el cruce del Mar Rojo, sin embargo, la Biblia nos dice que los hijos de Israel descendieron a un abismo. Ron Wyatt propuso la playa de Nuweiba como el lugar donde los hijos de Israel cruzaron. Si esta teoría es correcta, entonces el punto más profundo de este camino hecho por Dios es 800 m (2,600 pies). Hay otras teorías, pero el hecho es que el Señor es "quien abre camino en el mar, y senda en las aguas impetuosas" (Isaías 43:16). Y el Espíritu Santo pregunta, "¿No eres tú el que secó el mar, las aguas del gran abismo; el que transformó en camino las profundidades del mar para que pasaran los redimidos?" (Isaías 51:10).

Un abismo podrían ser 800 m o más, imagine cuan saludable tuvo que haber sido aquella gente. La Biblia nos dice: "Y no hubo en sus tribus enfermo" (Salmos 105:37). Las mujeres embarazadas tuvieron que hacer un esfuerzo extra. Los ancianos recibieron una fortaleza sobrenatural. Los niños no sufrieron ningún accidente. ¡Imagine más de 2 millones de personas bajando y subiendo un abismo!

¡Tuvieron además que necesitar una avenida muy amplia por la cual cruzar! Si calculamos que cada persona necesita al menos 1 metro cuadrado para caminar en medio de una multitud, y partiendo de que esa multitud pudo haber sido como 2 millones de personas sino es que más, (pues tan sólo soldados, varones de 20 años o más eran 603,550, según Núm. 1:46). Ellos necesitaban un área de 0,6456 millas cuadradas (1.672 Kilómetros cuadrados). Esto significa una autopista de 28 carriles con una longitud de 10 millas (16 Kilómetros). No existe en este mundo una autopista tan amplia. En Canadá, tienen una autopista de 18 carriles y ésta es oficialmente conocida como "Macdonald-Cartier Freeway" e informalmente como la 401. El segmento que tiene 18 carriles está localizado cerca del Toronto *Pearson International Airport* en Missiassauga, Ontario. Si tienes la oportunidad de ver una foto aérea de esta autopista gigantesca, quizá pudieres imaginar diez carriles más y en lugar de autos gente.

Tal vez tú no tengas una idea de lo que una pared de 2,600 pies (800 metros) podría ser. La estructura más alta del mundo es la Burj Khalifa en Dubai en los Emiratos Árabes. Se trata de un monstruoso rascacielos de 2,722 pies de altura. El "herradura" canadiense de las Cataratas del Niágara tiene una altura de 50 metros (167 pies), ¿Puedes imaginar?

Nuestro Dios es Todopoderoso

Otra cosa que atrae mi atención es: ¿Por qué se menciona tanto que los Israelitas pasaron en tierra seca? El fondo del mar o fondo marino está hecho de sedimentos. Estos sedimentos están compuestos por diminutas partículas de arena muy fina, lino, arcilla y esqueletos de animales asentados en el fondo del mar. ¿Imagine si estos sedimentos no están secos? De otra manera la gente se hundiría, incapaz de poder caminar y tal vez cubierta por ese lodo hubiera muerto, pues se trata de una capa de sedimento de muchos metros. Sin embargo, la Biblia nos dice que ellos pasaron por el fondo del mar como por el desierto ¿cómo puede ser esto posible? Dios lo ha hecho.

Tal vez muchos otros milagros están encerrados en este tremendo suceso, pero otro milagro más grande contrariando el mundo natural no lo encontramos en la narración bíblica y quizá en la historia misma de la humanidad. ¡Nuestro Dios lo hizo! Por favor, toma algunos minutos para adorarlo ahora mismo.

Las Obras de Dios

"Y Jesús les respondió: Mi Padre hasta ahora trabaja, y yo trabajo" –Juan 5:17

El Padre, el Hijo y el Espíritu Santo han estado trabajando sobre la faz de la tierra desde su creación y desde entonces la humanidad ha visto Su poder. El Señor no descansó excepto el séptimo día después de haber creado el universo (Gn. 2:2). El trabajo de Dios es hacer milagros. La creación misma es un milagro, está escrito, "Por la fe entendemos haber sido constituido el universo por la palabra de Dios," (Hebreos 11:3). La actividad de nuestro Dios continúa a través de las edades y continuará hasta la segunda venida de Cristo y aún hasta el final de todos los tiempos.

En los tiempos de Isaías, hubo un rey de corazón noble para servir al Señor. Él era un descendiente del rey David y su nombre fue Ezequías. Un día el Señor envió a Isaías a decirle: "Ordena tu casa, porque morirás y no vivirás" (2 Reyes 20:1). Ezequías estaba enfermo, pero rehusó conformarse con la palabra que Dios le dio, él entonces quiso conocer al Jehová-Rafa, el Dios que sana. No fue con los médicos de aquel entonces, tampoco fue con los ídolos para pedirles nada, sino más bien, él entendió la palabra de Dios. No era necesario que Dios le enviara a alguien para decirle: "Tú vas a morir". Él entonces entendió que Dios quería que él ejercitara su fe y le probara como el Dios sanador. Ezequías entendió que este enviado de Dios para decirle "tú vas a morir" era una prueba. Dios quería sanarlo, de hecho, porque Dios quería mostrar Su poder de nuevo, Él quería trabajar. No hay un solo día que el Señor nos diga, "hoy no quiero trabajar" o "este día no quiero mostrarme como el Dios todopoderoso". No ha habido un solo día en la historia del mundo en que el Señor haya dejado de ser Jehová-Rafa, porque esto es parte de Su identidad, de Su naturaleza.

Dios no solamente mostró Su poder sanador a Ezequías, tú

conoces la historia, sino que podemos observar otro poderoso milagro. El hizo que el tiempo retrocediera. La sombra del reloj fue hacia atrás. ¡Este es otro de los grandes milagros de la Biblia! Anteriormente, en los tiempos de Josué, cerca de 700 años ante del rey Ezequías, podemos leer en el libro de Josué otro milagro similar. Josué necesitó más tiempo para derrotar a los amonitas y tuvo una loca idea: Si Dios abrió el abismo del Mar Rojo, ¿acaso no podría retener la rotación del sol? Él no sabía que realmente la tierra es la que rota alrededor del Sol, tal y como Nicolás Copérnico lo descubrió casi 3 mil años más tarde. Él hizo una petición basándose en sus primitivos conocimientos de astronomía. Lo sorprendente de esto fue que Dios escuchó su voz. Su poderosa mano detuvo la rotación de la tierra. Lo que significaba que la tierra se detuviera repentinamente es algo todavía más sorprendente desde el punto de vista de la física. Y está escrito, "Y no hubo día como aquel, ni antes ni después de él, habiendo atendido Jehová a la voz de un hombre; porque Jehová peleaba por Israel" (Josué 10:14).

El Señor trabajó derrotando un poderoso ejército y en Josué 11:4 dice: "Éstos salieron, y con ellos todos sus ejércitos, mucha gente, como la arena que está a la orilla del mar en multitud, con muchísimos caballos y carros de guerra".

Más tarde, en el mismo capítulo dice: "a todos los hombres hirieron a filo de espada hasta destruirlos, sin dejar alguno con vida". Probablemente este sea el día de muerte humana más costoso de la historia seguido del diluvio. Aún en 1918 el record no fue abatido, cuando una influenza pandémica acabó con la vida de 25 millones de personas en sus primeras 25 semanas; y ni aún la cifra registrada en el terremoto de Shaanxi, China, en 1556, con una cuota de 830 mil muertes fue comparable. Vendrá otro día, en otra batalla, cuando el Señor dará una tremenda victoria a Israel. Lo que la Biblia nos dice es que al término de esa batalla y gran victoria para Israel, tomará 7 meses enterrar los cuerpos, ¡Imagina! (*Ver* Ezequiel 39:11-12).

El Señor hace milagros durante todo el día... Él continúa trabajando derrotando los ejércitos enemigos de Su pueblo, la iglesia, para mostrar Su poder; Él trabaja dando sanidad; Él trabaja moviendo la economía del mundo para cumplir Sus macro-planes; Él trabaja alimentando milagrosamente, así como sucedió aquel tiempo cuando cien hombres fueron alimentados con "veinte panes de cebada, y trigo nuevo en su espiga" (2 Reyes 4:42).

Él es Todopoderoso y goza en mostrar Su poder a través de todo aquel que cree en Él.

Dios Hace Milagros Espirituales

"Os daré corazón nuevo, y pondré espíritu nuevo dentro de vosotros; y quitaré de vuestra carne el corazón de piedra, y os daré un corazón de carne" –Ezequiel 36:26

El milagro más grande mostrado de una vez para el pueblo de Israel en el Antiguo Testamento es el partimiento del Mar Rojo. ¿Por qué Dios quiso hacer este milagro? Está claro que los hijos de Israel podrían haber tomado otra ruta para rodea el mar. La respuesta a esta pregunta se encuentra en la carta del Apóstol Pablo a los Corintios. Está escrito, "Porque no quiero, hermanos, que ignoréis que nuestros padres todos estuvieron bajo la nube, y todos pasaron el mar. ^{2} y todos en Moisés fueron bautizados en la nube y en el mar, ^{3} y todos comieron el mismo alimento espiritual" (1 Corintios 10:1-3). Dios abrió el mar para ejemplificar nuestra salvación, el más grande milagro espiritual. Israel pasó a través del Mar Rojo, este es símbolo de nuestro bautismo, en otras palabras, el significado de nuestra salvación.

El Señor no solo mostró Su milagroso poder en lo físico, pero también lo hizo en el plano espiritual. Él es capaz de cambiar el corazón humano. En el Antiguo Testamento podemos leer la historia de Nínive, esa gran ciudad, una de las mega-ciudades de ese tiempo. El Señor había determinado destruirla, pero no antes de darles la última oportunidad de arrepentimiento. ¿Qué fue lo que finalmente sucedió? ¡Ellos se arrepintieron! En sólo tres días 120 mil personas se arrepintieron reconociendo al Dios Viviente. ¿Alguna vez has visto algo similar en la historia del mundo? En el libro de los Hechos vemos como 3 mil personas se arrepintieron en un solo día y 5 mil en otro, pero 120 mil en tan sólo 3 días, ¡Esto es impresionante! Solo Dios puede cambiar el corazón humano.

El Señor dice, "Y les daré un corazón nuevo". ¿Tú eres salvo? Si es así, el Señor te ha dado un corazón nuevecito. No se trata de la reconstrucción del corazón viejo, no. Se trata de un nuevo camino, una nueva forma de pensar y sentir. Es una nueva voluntad; es una nueva perspectiva, enteramente distinta de la anterior. Un nuevo entusiasmo para vivir. Ahora vivimos para Cristo siendo que antes fuimos Sus enemigos. ¿No es esto maravilloso? ¡Claro! Sí que lo es.

Muchos años antes, Jeremías había dicho por el Espíritu, "Pero este es el pacto que haré con la casa de Israel después de aquellos días, dice Jehová: Daré mi ley en su mente, y la escribiré en su corazón; y yo seré a ellos por Dios, y ellos me serán por pueblo" (Jeremías 31:33, ver también Heb. 8:8-10 y 10:16). Dios hizo un tremendo milagro al poner Su ley en nuestras mentes. Él escribió, tal y como lo hizo con la ley de Moisés (los Diez Mandamientos) pero en nuestros corazones. Es maravilloso que tengamos (debido a Cristo Jesús) la ley de Dios escrita en nuestros corazones y que seamos la gente de Dios. ¿Esto es algo que tuvo que ver con nosotros? ¡No! ¡Nosotros no hicimos nada! Especialmente al pensar en la naturaleza pecaminosa que tuvimos.

Hay algo más con el poder de Dios mostrado en los milagros espirituales. El Señor puede endurecer el corazón humano también. La Biblia dice, "Cambió el corazón de ellos para que aborreciesen a su pueblo, Para que contra sus siervos pensasen mal" (Salmos 105:25). Él endureció el corazón de Faraón para mostrar Sus señales y maravillas, pues le dijo: "Para esto mismo te he levantado, para mostrar en ti mi poder, y para que mi nombre sea anunciado por toda la tierra" (Romanos 9:17, ver también Éxodo 9:16). Más tarde, Pablo agregó, "De manera que de quien quiere, tiene misericordia, y al que quiere endurecer, endurece" (Romanos 9:18).

¿Cuál es el significado de esto? Dios ha sido soberano acerca de las decisiones que Él ha hecho en el pasado. El eligió a Israel usando esta prerrogativa, tal como el capítulo 9 de Romanos lo explica; Dios aún en nuestros días continúa usando en ciertos casos este derecho que Él tiene, en los casos que no exista un decreto dado por Él anteriormente, por ejemplo, en el caso de la muerte de un mártir por la causa de Cristo. No hay una promesa que nos diga que la persecución no nos tocará. De hecho la palabra dada por Cristo fue una advertencia de que habríamos de pasar por ella. Sin embargo, Dios nunca usará su derecho de Rey Soberano arrollando ninguno de Sus decretos o promesas que Él nos ha dado ya en Su Palabra. Entonces, esto significa, que algunas veces, el Señor puede endurecer el corazón del alguno con el propósito de mostrar Su poder y que mucha gente sea salva.

Dios endureció el corazón de Faraón para mostrar cosas maravillosas, entonces no es sorprendente si una persona podría endurecer su corazón para recibir el evangelio al principio, pero siempre Dios tiene sus propósitos. Oramos que el Señor muestre Su poder con milagros espirituales entre nosotros.

El Poder de Dios está Todavía Activo

"Yo sabía que siempre me oyes, pero lo dije por causa de la multitud que está alrededor, para que crean que tú me has enviado" ¬Juan 11:42

El Señor es un Dios que le gusta ser famoso. Dice la Biblia en el libro de Isaías "… como fuego abrasador de fundiciones, fuego que hace hervir las aguas, para que hicieras notorio tu nombre a tus enemigos, y las naciones temblasen a tu presencia" (Isaías 64:2). Él goza mostrando Su poder entre nosotros. Él está siempre buscando alguien, una persona con un corazón recto y con la correcta actitud. Está escrito, "Porque los ojos de Jehová contemplan la tierra, para mostrar su poder a favor de los que tienen corazón perfecto para con él" (2 Crónicas 16:9). Es increíble que el Señor mismo esté buscando una persona con un corazón íntegro para mostrar mover Su poderosa mano. Tú eres esa persona.

El corazón leal es aquel que cree en Sus obras; por lo tanto, oramos conforme a los oráculos de Dios. No podemos orar fuera de Su voluntad perfecta, como el Apóstol Juan lo dice: "Y ésta es la confianza que tenemos en él, que si pedimos alguna cosa conforme a su voluntad, él nos oye. ^{15} Y si sabemos que él nos oye en cualquier cosa que pidamos, sabemos que tenemos las peticiones que le hayamos hecho" (1 Juan 5:14-15). La voluntad de Dios ha sido establecida en la Biblia. Al escudriñar las Escrituras podemos estar seguros de la voluntad de Dios y orar de acuerdo a ella. Pablo dice a Timoteo: "Procura con diligencia presentarte a Dios aprobado, como obrero que no tiene de qué avergonzarse, que usa bien la palabra de verdad" (2 Timoteo 2:15). Un siervo aprobado es el que usa bien la Palabra de verdad. Aquel que toma la Palabra de Dios para orar, porque haciendo esto, podemos estar absolutamente seguros de que el Señor nos oirá.

El Apóstol Pedro, bajo la inspiración del Espíritu Santo nos dice: "Si alguno habla, hable conforme a las palabras de Dios;" (1 Pedro 4:11). Nosotros hablamos los oráculos de Dios para comprobar en nuestros corazones que estamos orando conforme a la voluntad de Dios; y la Palabra de Dios hablada dentro de nosotros genera fe bajo la operación del Espíritu Santo en nosotros.

Jesús dice: "Padre, yo sabía que siempre me oyes". ¿Por qué? Porque Jesús siempre oró de acuerdo a la voluntad del Padre, de igual manera nosotros oramos así al Padre: "Papito, yo sé que siempre me oyes".

Ezequiel 14:14 menciona tres grandes intercesores: Noé, Daniel y Job. Es maravilloso saber que tenemos tal confianza con nuestro Dios y absolutamente descansamos en Su palabra, así como ellos. Por ello nuestras oraciones son siempre escuchadas y el poder de Dios es mostrado.

El mismo Dios, quien hizo a todo un ejército dormir (1 Sam. 26:12), ha debilitado a nuestros enemigos espirituales por la victoria ganada por Cristo en la cruz. Ahora tenemos el poder disponible para nosotros. El Dios todopoderoso contestará las oraciones de los corazones leales que se basan en su Palabra y confían totalmente en Él.

David dice: "Buscad a Jehová y su poder, buscad su rostro continuamente" (1 Crónicas 16:11). Como hijos de Dios, Él quiere que busquemos Su rostro y Su poder, porque Él es Absolutamente Todopoderoso. Buscar Su rostro significa adorarle y al adorarle Su poder descenderá y seremos bendecidos.

OJOS DE FUEGO

Algunos recomiendan cierta dieta para mantener tus ojos saludables. Tal vez has escuchado que la vitamina A, C y E, el cobre, zinc, beta-caroteno, luteína y zeaxantina son esenciales para mantener tus ojos en forma. Tal vez Isaac no era un buen aficionado a estas cosas, las cuales por cierto, se pueden encontrar en los vegetales de hoja verde, pimientos amarillos, calabazas, papas dulces, etc. Isaac se volvió ciego. La narración de Génesis nos dice: "Aconteció que cuando Isaac envejeció, y sus ojos se oscurecieron quedando sin vista…" (Gen. 27:1). Isaac envejeció a los 130 años ¿A qué edad quieres envejecer? ¿A los 50 a los 60, a los 90?

A medida que progresaba en edad, Isaac envejeció y él tenía 130 años por aquel tiempo. Podemos calcular por deducción la edad de Isaac cuando envejeció. Asumiendo que Jacob tenía 130 años cuando entró en la tierra de Egipto (Gn. 47:9), que José tenía aproximadamente 39 años en aquel tiempo (Gn. 41:46; 45:6); teniendo en cuenta que José nació después de que Jacob hubo trabajado 20 años por sus esposas y su ganado (Gn. 30:25; 31:38), y partiendo de que Jacob nació cuando tenía 60, esto nos lleva a la conclusión de que Isaac tenía 130 años cuando envejeció.

La vista de Isaac se volvió tan mala que no podía ver, pero esto era parte del plan de Dios con Jacob. Nota que la Biblia declara que Abraham envejeció a la edad de 140 años (ver Gn. 21:5; 24:1-6; 25:20 y 25:7). Los comerciantes tratan de convencernos que la vejez empieza a los 60 e inclusive a los 55 (y cada vez a una edad más temprana), Abraham e Isaac empezaron su vejez a los 140 y 130 años respectivamente.

El punto es que Isaac estaba ciego a esta edad. Hubo otro Anciano, que tiene, y siempre tuvo, una visión perfecta. He visto a algunos ancianos que tienen una edad perfecta, aún hasta los 90 años o más. Sin embargo, el Anciano del que hablo es el de Daniel capítulo 7 y el anciano de Apocalipsis 1:14. "Su cabeza y sus cabellos eran blancos como blanca lana, como nieve, sus ojos como llama de fuego; la Biblia también dice: "Jehová está en su santo templo; Jehová tiene en el cielo su trono; Sus ojos ven, sus párpados examinan a los hijos de los hombres" (Salmos 11:4).

Los ojos del Señor están en todo lugar y ellos ven todo. Nunca estarán enfermos de miopía, astigmatismo, cataratas, glaucoma, hipermetropía, o estrabismo. El Señor no necesita el ácido graso que se encuentra en el salmón o bacalao para mantener una visión 20/20. Nunca necesitará masajes o ejercicios en sus 7 ojos de fuego (Zacarías 3:9). Él es la Roca de los 7 ojos, el Cordero de los 7 ojos (Apo. 5:6). Sus poderosos ojos no necesitan dormir y siempre están abiertos.

Estos ojos te están mirando ahora mismo. Él está dándose cuenta de lo que hablas, de lo que piensas. Sus ojos pueden ver en la oscuridad y a través del pasado y del futuro. Como el fuego puede evidenciar la verdadera composición de las cosas, el Señor sabe el panorama entero de tu vida. ¿Por qué muchos hombres y mujeres se obstinan en mantener una apariencia cuando el Señor conoce sus corazones? Esta es una pregunta interesante.

Sin embargo, sé que el temor de Dios tiene su base en la conciencia de Su presencia, la conciencia de Su mirada. De igual manera, tanto más consiente estés de la presencia de Dios contigo, más seguridad tendrás en Él. Está escrito: "¿Qué pues diremos a esto? Si Dios es por nosotros, ¿quién contra nosotros?" (Romanos 8:31).

¿Qué puede dañarnos si Dios es con nosotros caminando en las calles o acompañándonos cuando manejamos nuestro vehículo? Imagínate a Moisés en la cumbre del monte hablando con Dios. ¿Qué mal podría tocarlo? El Apóstol Juan, bajo la inspiración del Espíritu Santo escribió: "Sabemos que todo aquel que ha nacido de Dios, no practica el pecado, pues Aquel que fue engendrado por Dios le guarda, y el maligno no le toca" (1 Juan 5:18). Si estás consiente de los ojos del Señor observándote, tú le temes, nunca pecas y el maligno no puede tocarte. Sin embargo, el problema se encierra en la pérdida de nuestra conciencia. Esta es la tragedia del ser humano. Muchas veces el hombre o la mujer no pueden entender o creer que los ojos del Señor están sobre ellos. Tratan de esconderse, como Adán y Eva o simplemente no creen que el diablo no puede tocarlos. Si el Señor es contigo, sentado a lado tuyo en un sillón o sentado en una silla frente a ti, tú nunca pecarías ante Él y al mismo tiempo recibirías su protección.

Él Observa Tu Corazón

"Así que, no juzguéis nada antes de tiempo, hasta que venga el Señor, el cual aclarará también lo oculto de las tinieblas, y manifestará las intenciones de los corazones; y entonces cada uno recibirá su alabanza de Dios" –1 Corintios 4:5

Si estás enfrente de alguien tú puedes esconder tus pensamientos. En el mismo tiempo él o ella podrían estar pensando algo malo o bueno acerca de ti. O simplemente puede estarte ignorando mientras aparenta estar poniéndote atención. Sin embargo, recuerda, Dios tiene 7 ojos. La Biblia no nos dice lo que significa cada uno de esos ojos, y no obstante, hay muchas cosas en la Palabra de Dios en donde no encontramos detalles, voy a explicar ahora lo que estos 7 ojos podrían significar y aunque esto no está en la Biblia, creo que si tiene mucho sentido.

El primer ojo podría ser tu pasado. El Señor conoce tu pasado aún mucho mejor que tú. Si estas en Cristo, tus pecados han sido perdonados. No importa lo que fuiste, ahora eres una nueva creación. Todas las cosas han pasado y ahora vives una nueva experiencia. El Señor conoce tu pasado, pero todos tus pecados han sido arrojados a lo más profundo del mar (Mi. 7:19). Él puede ver la persona que tú eres, pero este ojo no es para condenarte, pero para que siempre recuerdes de dónde Dios te sacó y siempre estés agradecido por Su eterno amor sobre ti (Jer. 31:3). La Biblia menciona en Levíticos capítulo 16 a un macho cabrío llamado Azazel, el cual es un animal de poderoso significado. El Sumo Sacerdote Aarón ponía las manos sobre él y lo enviaba al desierto como un símbolo de que el pecado de Israel era enviado fuera del campamento. Esto era preludio de Cristo, quien llevaría el pecado del mundo entero y lo enviaría fuera de nosotros para siempre. Isaías dice por el Espíritu: "Todos nosotros nos descarriamos como ovejas, cada cual se apartó por su camino; más Jehová cargó en él el pecado de todos nosotros" (Isaías 53:6). Nuestros pecados son ahora sólo parte del pasado, y aunque el Señor los conoce, ellos no tienen ahora un significado real como materia de condenación para nosotros.

El segundo ojo es nuestro futuro. El Señor sabe los planes que tiene contigo y Él quiere revelarlos a ti tan pronto sea necesario. El Señor revelará Sus planes de bondad y propósito a tu vida poco a poco. El Espíritu santo te guiará y pastoreará a través de tu tiempo en esta tierra. Él los revelará a través del Espíritu Santo. Los ojos del Señor pueden ver tu futuro, Él lo conoce. El Señor vio el futuro de los apóstoles. Algunos concluyen que los apóstoles podría ser muy jóvenes y aún adolescentes basándose en el hecho de que, *aparentemente*, tan sólo Jesús y Pedro estaban obligados a pagar impuestos y esta obligación era exigida a los hombres de 20 años o más... pero Jesús vio en ellos el futuro de la iglesia. Podemos ver muchas faltas en ellos, aún cada vez que abrían sus bocas o hacían algo, pero el Señor sabía su futuro.

El tercer ojo, tu cuerpo: el Señor está presente en cada célula de tu cuerpo. Cada enfermedad empieza en las células de tu cuerpo, pero si Cristo está presente ahí, el mismo Cristo las patrulla y protege. El protege Su cuerpo. Cada cristiano necesita entender que el Señor ha comprado su cuerpo; por lo tanto, tu cuerpo ya no es tuyo, es propiedad de Dios. Este es el cuerpo de Cristo ahora. Tú no puedes usar algo que no te pertenece; siempre necesitas tener permiso del propietario. Tú eres un simple administrador, si tú le has entregado tu cuerpo totalmente al Señor, Él te entregará un cuerpo glorificado (1 Cor. 15:42). Esto se trata de sembrar para el Espíritu (Gal. 6:8). 1 Corintios 6:18-19 nos dice que un cristiano que se vuelve en un inmoral está pecando contra el cuerpo de Cristo. Otro versículo nos dice: "Si alguno destruye el templo de Dios, Dios le destruirá a él; porque el templo de Dios, el cual sois vosotros, santo es" (1 Corintios 3:17).

El cuarto ojo es tu alma: El Señor ve tus pensamientos. Está escrito: "Has escudriñado mi andar y mi reposo, Y todos mis caminos te son conocidos. [4] Pues aún no está la palabra en mi lengua, Y he aquí, oh Jehová, tú la sabes toda" (Salmos 139:3,4). Dios ve tus pensamientos, lo que estás pensando y lo que dirás con tu lengua. La Biblia dice que lo que piensas eso es lo que eres. Está escrito: "Porque cuál es su pensamiento en su corazón, tal es él" (Proverbios 23:7). Yo escribí un libro que lleva por título: "*Mi Mini-manual de Identidad en Cristo*", este libro tiene declaraciones de lo que nosotros somos en Cristo, porque lo piensas es lo que eres, esa es tu identidad.

El Señor ve tus emociones, tu amor, tus temores, tus tristezas... tú no puedes esconder nada a Dios.

Algo más, Él puede ver lo que has determinado en tu corazón. Como ejemplo, observa el versículo siguiente: "Y dijo Jehová: He aquí el pueblo es uno, y todos éstos tienen un solo lenguaje; y han comenzado la obra, y nada les hará desistir ahora de lo que han pensado hacer" (Génesis 11:6, ver también Apo. 2:23).

El quinto ojo, ve tu espíritu. Dios conoce el estado de tu espíritu ante Él. Él puede darse cuenta si tu espíritu está realmente conectado con el Espíritu Santo. Él puede ver, como la estatura de un hombre, la estatura de tu espíritu. Que tan grande es tu espíritu y tu crecimiento espiritual a través del tiempo. El Señor puede ver tu fe. Marcos 2:5 nos dice: "Al ver Jesús la fe de ellos..." Este ojo de Dios fue mostrado en Pablo también, mira este versículo: "Éste oyó hablar a Pablo, el cual, fijando en él sus ojos, y viendo que tenía fe para ser sanado," (Hechos 14:9). El ojo del Señor puede ver tu fe, pues la estatura de tu espíritu es la estatura de tu fe en Dios, tu conexión con Su Palabra, "la espada del Espíritu".

También, de alguna manera el reino de las tinieblas puede tener un sentido acerca del poder espiritual en una persona basándonos en pasajes como Hch. 16:17, Mar. 1:24; Hch. 19:15, etc.

El sexto ojo, está rodeándote. Dios dice que Él te rodea, físicamente y espiritualmente. Él conoce cada amenaza que el diablo tiene en tu contra y de las lenguas que se mueven en tu contra.

Microscópicamente hay millones de bacterias y antígenos que atacan tu cuerpo sin que tú te des cuenta siquiera. Hay también espíritus malos peleando para derrotar tu vida espiritual y hay muchas ocasiones que el maligno planea el mal en tu contra. Dios está mirándolos, pero si tú lo ignoras a Él, también están rehusando Su protección. Este es también un asunto de fe.

Finalmente, el séptimo ojo es el ojo de Cristo Jesús mismo. Cuando el Señor ve a un seguidor de Cristo, a un verdadero cristiano, Él ve a Cristo mismo. Está escrito: "porque todos los que habéis sido bautizados en Cristo, de Cristo estáis revestidos" (Gálatas 3:17). Nosotros estamos revestidos de Cristo cuando somos bautizados en Él, el día que fuimos salvos. Pablo está hablando del cuerpo de Cristo. Cuando nos arrepentimos y el Señor nos ha dado Su preciosa salvación en ese momento, Dios empieza a ver a Cristo en nosotros. Ahora no se trata de nosotros, nosotros hemos muerto, ahora todo se trata de él. Entonces Dios dice: "Este es mi Hijo amado, en quien tengo complacencia" (Mateo 17:5). Pablo dice por el Espíritu, "¿O no sabéis que todos los que hemos sido bautizados en Cristo Jesús, hemos sido bautizados en su muerte? (Romanos 6:3).

Si estamos seriamente consientes de la presencia de Dios, le temeremos y también gozaremos de Su presencia. Muchos en nuestros días buscan la presencia de Dios. Algunos de ellos saltan de iglesia en iglesia buscando "la presencia de Dios". Otros dicen: "este lugar está ungido". Sin embargo, honestamente, no se trata del lugar, se trata de la presencia de Dios particularmente en cada persona.

Él nos Da sus Ojos para Ver por el Espíritu

"Y le hará entender diligente en el temor de Jehová: No juzgará según la vista de sus ojos, ni argüirá por lo que oigan sus oídos; ^{4}sino que juzgará con justicia..." –Isaías 11:3

Muchas veces nuestros sentidos físicos podrían ser engañosos. Hay gente que ha dedicado su vida para demostrar al mundo la veracidad de esta afirmación: no siempre se puede confiar en lo que vemos. Cuando vemos un *show* de televisión o la portada de una revista, podemos entender que lo que vemos no es la verdad. Cuando un hombre y una mujer se basan en el juicio de sus ojos pueden cometer errores.

Sin embargo, el ejemplo de Cristo Jesús, la personificación del perfecto juicio caminando sobre esta tierra, es que juzgó de la mejor manera. No juzgó basándose en los cinco sentidos, sino que Él juzgó todo desde el fundamento del Espíritu de Dios. Él aprendió a caminar en el Espíritu y juzgó por el Espíritu.

En el capítulo 8 de Lucas podemos leer la historia de una mujer que mostró gran fe al tocar el borde del manto de Jesús. El Señor percibió con Sus ojos espirituales y dijo: "alguien me ha tocado; porque yo he conocido que ha salido poder de mí" (Lucas 8:46). Poder salió del Señor y el Señor lo sintió, Él vio y percibió espiritualmente. El problema con muchos es que no han activado sus ojos espirituales, ellos no son capaces de ver por el Espíritu de Dios. Ellos pueden percibir solamente basándose en los cinco sentidos, pero sus sentidos espirituales están muertos o adormecidos.

Tenemos cinco sentidos naturales. Tenemos también un sentido espiritual que no puede ser activado sino por el Espíritu de Dios. Jesús caminó por el Espíritu, especialmente después de volver del desierto, cuando ayunó por 40 días y fue tentado por el diablo. La Biblia dice: "Y Jesús volvió en el poder del Espíritu a Galilea," (Lucas 4:4). Su fe estaba activada por el Espíritu de Dios, y entonces, Él empezó Su poderoso ministerio como precursor de la iglesia. El abrió el camino con su poderoso ejemplo y nos dice: "Porque ejemplo os he dado, para que como yo os he hecho, vosotros también hagáis" (Juan 13:15).

Cuando el Señor escuchó las palabras de Pedro en relación a rehusarse a ir a la cruz, Él reprendió al diablo en Pedro y dijo: "¡Quítate de mí, Satanás! Porque no pones la mira en las cosas de Dios, sino en las de los hombres" (Marcos 8:33). El vio con Sus ojos espirituales. Pedro fue un hombre carnal que se dejó dirigir en esta ocasión por el diablo en tanto Jesús estaba enfocado en ir a la cruz. Él no discutió con Pedro explicándole la razón teológica por la cual Él necesitaba ir a la cruz. Él no tomó las palabras de Pedro y diplomáticamente le dijo: "Voy así tome en cuenta tu consejo o no". Tampoco le dijo: "Con todo respeto, pero mi forma de pensar es distinta". ¡No! Él no escribió un artículo titulado: "las siete razones porque el consejo de Pedro carece de sustento" ¡No! Él tuvo una palabra fuerte contra el diablo y para Pedro, quien fue engañado por Él. Jesús vio literalmente al diablo en su forma espiritual.

Aquellos seguidores de Cristo espiritualmente ciegos llamaron a Jesús "el forastero ignorante" tal como lo da a entender el pasaje de Lucas 24:18, leemos: "Respondiendo uno de ellos, que se llamaba Cleofas, le dijo: ¿Eres tú el único forastero en Jerusalén que no has sabido las cosas que en ella han acontecido en estos días?" ¡Imagina! ¡Que llamar al ser más lleno de conocimiento del universo, el omnisciente Dios, un "forastero ignorante"! Esto es lo que pasa hoy en día con muchos que están espiritualmente ciegos, aún gente en nuestras congregaciones.

Pedro, reconociendo la omnisciencia del Jesús resucitado dijo: "Señor, tú lo sabes todo" (Juan 21:17). La gente con el Espíritu del Señor puede ver por el Espíritu. Pablo vio por el Espíritu cuando el carcelero de Filipos se iba a suicidar en Hechos capítulo 16. Pedro vio por el Espíritu cuando Ananías, con Safira su mujer planearon contra el Espíritu de Dios en Hechos capítulo 5. Juan dijo: "Yo Juan, vuestro hermano, y copartícipe vuestro en la tribulación, en el reino y en la paciencia de Jesucristo, estaba en la isla llamada Patmos, por causa de la palabra de Dios y el testimonio de Jesucristo. [10] Yo estaba en el Espíritu en el día del Señor, y oí detrás de mí una gran voz como de trompeta" (Apocalipsis 1:9-10).

¡Usa mis ojos! dice el Señor. Dios quiere que tú veas a través de Sus ojos. Vive en el Espíritu como Juan. Entonces Él te mostrará y hará grandes cosas contigo, cosas que tú no conoces.

Las Cosas Secretas Pertenecen al Señor

"Las cosas secretas pertenecen a Jehová nuestro Dios, más las reveladas son para nosotros y para nuestros hijos para siempre, para que cumplamos todas las palabras de esta ley" – Deuteronomio 29:29

He hablado con muchas personas que viven en tinieblas, que piensan no tener acceso a la información de Dios y ellas mencionan este pasaje para justificar su ignorancia. Casi todo lo que pasa en sus vidas, piensan que Dios simplemente lo permite sin una explicación, todo es debido a Su soberanía.

Como sabemos, la soberanía de Dios se muestra mayormente antes de la creación del mundo. Cuando Dios decidió enviar a Su Hijo Unigénito para darnos salvación, sanidad, autoridad, paz, etc... ¿Por qué el Señor quiso escoger a Israel en lugar de Esaú? Por causa de Su soberanía. ¿Por qué también profetizó que los gentiles serían herederos del reino de Dios, tal y como está escrito en muchos pasajes del Antiguo Testamento desde Génesis? Porque Dios es soberano; y Sus decisiones no fueron tomadas recientemente, sino antes de la creación del mundo, hace muchos años en el eterno pasado.

Cuando la iglesia primitiva sufrió persecución, ellos oraron, "Soberano Señor, tú eres el Dios que hiciste el cielo y la tierra..." (Hechos 4:24). Como tú puedes recordar ese pasaje corresponde al de Salmos 115:3 "Nuestro Dios está en los cielos, Todo lo que quiso ha hecho," ¿Porque Dios ha permitido la persecución en su gente a través de las edades? ¿Por qué algunos han sido liberados del foso de los leones y otros han muerto como mártires? Porque Dios es soberano. No hay un sólo versículo en la Biblia que nos prometa que no pasaremos persecución, sino al contrario, Jesús nos advirtió que eventualmente seríamos víctimas de ello, Él dijo: "Y guardaos de los hombres, porque os entregarán a los concilios, y en sus sinagogas os azotarán" (Mateo 10:17). Jesús nos dice que tengamos cuidado, que no confiemos en los hombres. Por otro lado, algunos cristianos podrían no sufrir persecución porque no evangelizan de ninguna forma, no cumpliendo así el más importante mandamiento. Sin embargo, el Señor provee para nosotros protección y bendiciones en otras áreas. Así, tenemos que entender el alcance de la provisión de Dios en Cristo debido a la cruz. Algunas veces necesitamos preguntarnos a nosotros mismos si es Dios quien está permitiendo algo o somos *nosotros* los que lo estamos permitiendo y estamos pasando por alto Su voluntad establecida en Su palabra.

Necesitamos ir cada vez más profundamente en la revelación de Dios. El Señor siempre nos anima a buscar Su voluntad, la cual

Él estableció en la Escrituras. Hay cosas reveladas, y estas cosas nos pertenecen, pero necesitamos ir a ellas, entenderlas y creerlas. Necesitamos que ellas se conviertan en parte de nuestra existencia. Moisés recibió cierta revelación de Dios, pero nosotros recibimos la revelación de Dios entera a través de Cristo Jesús.

La gente en el Antiguo Testamento tuvo cierta revelación de Dios y de las cosas espirituales, pero Cristo nos mostró cómo opera realmente el reino de Dios. He visto cristianos que parecen estar viviendo en los tiempos del Antiguo Testamento, ellos creen y actúan como si las promesas dadas en la Biblia no fueran para ellos y como si nunca Cristo hubiera muerto y resucitado. Esto es muy triste. ¡Despierta! ¡Jesús ya murió! ¡Jesús ya se ha levantado de la tumba y está vivo! ¡Esta es la más maravillosa verdad que posee la humanidad! ¡Alabado sea el Señor!

Muchos cristianos en nuestros días son espiritualmente e intelectualmente perezosos y se conforman con este pensamiento: "Hay cosas que no comprendemos... ellas le pertenecen a Dios..." Sin embargo, creo que Dios nos ha revelado mucho más de lo que nosotros imaginamos al venir Cristo a esta tierra. Si algo no entendemos ahora, esto no significa automáticamente que es algo que pertenece a Dios y no a nosotros. ¿Por qué no ir a la Biblia y dejar que el Espíritu Santo nos explique?

Desde luego, por el otro lado, hay cosas de las cuales las Escrituras no da ninguna información. Ciertamente, estas son las "cosas Secretas". Esas cosas secretas pertenecen a Dios y no vale la pena invertir tiempo en su investigación. Estas cosas nunca harán ninguna diferencia en nuestra felicidad aquí ni mucho menos en la eternidad, no es realmente importante conocerlas ahora, ésta es la razón por la que no nos fueron reveladas. Sin embargo, Dios nos ha revelado todo aquello que necesitamos saber para estos tiempos, para que vivamos una vida poderosa y victoriosa en esta tierra y entremos al cielo con recompensa completa.

Gracias a Dios por Su plan revelado a nosotros a través de Cristo Jesús.

DIOS ESTÁ EN TODAS PARTES

"*Nadie subió al cielo, sino el que descendió del cielo; el Hijo del Hombre, que está en el cielo*" –Juan 3:13

Jesús manifestó Su divinidad en esta afirmación. Él estaba ejerciendo Su ministerio en esta tierra, pero al mismo tiempo, debido a su omnipresencia, Él estaba en el Cielo,. En todo lugar en donde Dios tiene negocios Él está presente. Él está presente en cada lugar en dónde Él tiene algo que hacer. Alguien tan importante como el gobernante del universo no estará en un lugar en vano, pero Él puede estar en todo lugar al mismo tiempo, en los lugares en donde tiene negocios.

Isaías 40:22 nos dice que Dios se sienta sobre el círculo de la tierra. Él está ordenándolo todo, haciendo que suceda Su palabra. Él mantiene el universo en movimiento. Jesús dice: "Mi Padre hasta ahora trabaja y yo trabajo" (Juan 5:17). Él nunca ha llegado tarde a Su trabajo, y Su trabajo es espiritual, Su trabajo es gobernar todo.

"¿A dónde me iré de tu Espíritu? ¿Y a dónde huiré de tu presencia?[8] Si subiere a los cielos, allí estás tú; Y si en el Seol hiciere mi estrado, he aquí, allí tú estás. [9]Si tomare las alas del alba Y habitare en el extremo del mar, [10]Aún allí me guiará tu mano, Y me asirá tu diestra" (Salmos 139:7-10). David nos dice que Dios está dondequiera que él fuere, él no puede esconderse de Dios.

Hay lugares remotos que el hombre ha alcanzado. Lugares que el hombre ha industrializado y los ha hecho cercanos. Sin embargo, aún en nuestros días, aún existen lugares tan remotos, que llegar a ellos podría tomar días. Un ejemplo de esto es una pequeña isla de 290 habitantes llamada Tristán da Cunha. Tristán da Cunha no tiene ningún aeropuerto, y sólo se puede llegar a ella por barco, y por ello es el lugar habitado más remoto de la tierra. El viaje en barco desde el aeropuerto más cercano, - un aeropuerto de Sudáfrica, toma alrededor de 5 días. ¡Imagina!

La presencia de Dios está también en Tristán da Cunha, porque esas 290 personas necesitan a Cristo (aunque tenemos reportes de cristianos nacidos de nuevo en la isla). Cada persona con oportunidad de salvación es un negocio para Dios. Dios podría estar en el infierno también, si Él tuviera negocios ahí. Él podría estar en las zonas más profundas de la tierra si un hombre clama desde ahí a Él. Si Gennadiy Samokhin ora a Dios desde los puntos más profundos de la tierra al realizar su expedición, Dios responderá a él.

Si alguien piensa que podría escapar de Dios, Jeremías le responde: "¿Se ocultará algo uno, dice Jehová, en escondrijos que yo no lo vea? ¿No lleno yo, dice Jehová, el cielo y la tierra?" (Jer. 23:24). En Proverbios 15:3 nos dice: "Los ojos de Jehová están en todo lugar, Mirando a los malos y a los buenos". Caín trató de esconderse de Dios, tal y como lo hicieron sus padres, pero Dios le preguntó, "¿Dónde está tu hermano Abel?"

Dios está potencialmente en todas partes, pero Él siempre tendrá un propósito para estar ahí. Su propósito es tener comunión con Su creación, la que tiene raciocinio, el ser humano. Él quiso hablar con Adán y Eva en el principio, ahora, de igual manera, Él quiere hablar con nosotros. Él quiere nuestra amistad, Él quiere ser nuestro Padre celestial y Pastor de nuestras almas.

La Presencia de Dios es Especialmente con Su Pueblo

"Porque donde están dos o tres congregados en mi nombre, allí estoy yo en medio de ellos" –Mateo 18:20

He escuchado muchas ocasiones cuando un pecador dice: "Dios siempre ha estado conmigo y siempre me cuida". Sin embargo, si leemos cuidadosamente la Biblia, ¿descubrimos en ella que realmente esto es así? Dios está cuando dos o tres personas se reúnen en Su nombre, el Señor tiene cuidado de Sus hijos, pero, ¿qué acerca de alguien que no le conoce? Pablo dice bajo la inspiración del Espíritu Santo: "más ahora, conociendo a Dios, o más bien, siendo conocidos por Dios," (Gálatas 4:9).

Ciertamente Dios sabe todas las cosas y puede estar en dondequiera. Él está en cada lugar en donde está un ser humano, pero Su presencia reside especialmente con aquellos que se han convertido en Sus hijos. Él es Jehová-*shamma* (Ez. 48:35) para Sus hijos. ¿Por qué? Porque Sus hijos han humillado sus corazones a Él y han reconocido Su autoridad en sus vidas.

¿Qué es lo que dice la Biblia? "Porque Jehová es excelso, y atiende al humilde, Más al altivo mira de lejos" (Salmos 138:6). Permíteme explicar esta parte. Para nosotros lograr la salvación es necesario un acto de humildad ante el Señor. Reconocemos nuestra deplorable condición espiritual, confesamos nuestros pecados ante Él y le pedimos perdón. Decidimos en nuestros corazones perdonar a todos los que nos han ofendido y prometemos solemnemente seguir a Cristo el resto de nuestras vidas. Sin embargo, ¿Qué de la persona que no quiere someter su vida al Señor? Él o ella está mostrándose altivo y el Señor le mira de lejos. El conoce de su existencia, pero Él no tiene una relación personal con él o ella. De la misma manera, con cada uno de aquellos que han nacido de nuevo espiritualmente, el Señor no está solamente está con ellos, pero está dentro de ellos.

Dios vive en medio de aquellos que han humillado sus corazones. Como la Biblia lo dice: "Cercano está Jehová a los quebrantados de corazón, Y salva a los contritos de espíritu" (Salmos 34:18). Mira otro versículo más. "Porque así dijo el Alto y Sublime, el que habita la eternidad, y cuyo nombre es el Santo: Yo habito en la altura y la santidad, y con el quebrantado y humilde de espíritu, para hacer vivir el espíritu de los humildes, y para vivificar el corazón de los quebrantados" (Isaías 57:15). Por lo tanto, nosotros habitamos con Él y Él habita en nosotros.

Neciamente hay gente que repentinamente, aun gozando las bendiciones de Dios, enaltecen sus corazones y no quieren continuar bajo el control de Dios. Ellos, en cierto sentido, sufrirán lo que le sucedió a Saúl. De él la Biblia nos dice: "El Espíritu de Jehová se apartó de Saúl, y le atormentaba un espíritu malo de parte de Jehová" (1 Samuel 16:14). ¿Puede el Espíritu de Jehová apartarse de un creyente fuerte? ¡No! Pero ese creyente fuerte podría volverse negligente respecto a su búsqueda del Señor, entonces su fe es debilitada y su orgullo emerge (este es el real significado de Habacuc 2:4). Después del orgullo, el Espíritu Santo se contrista (Ef. 4:30) y en una etapa de más gravedad, finalmente puede apartarse de él o ella.

Cuando entramos a un lugar de adoración del Dios vivo usualmente decimos: "La presencia del Señor está aquí". Sin embargo, a diferencia del pasado, Dios no tiene un lugar especial donde residir. El Monte de Sión es mencionado en el Antiguo Testamento como el lugar de la habitación de Dios. Hoy Dios no habita en templos hechos de manos (Hch. 17:24), sino que ahora nuestros cuerpos son los templos del Espíritu Santo (1 Cor. 6:19). Una vez escuché a alguien decir, "Este lugar está realmente ungido". No obstante, no se trata del lugar, sino de la gente que asiste a ese lugar. Nosotros somos ungidos con la unción de Cristo mismo (1 Jn. 2:20). Cuando una persona llena del Espíritu Santo está cerca, la presencia especial de Dios es también ahí. En el Antiguo Testamento lo máximo que una persona podría experimentar de Dios es tenerle cerca, como está escrito:

"Cercano está Jehová a todos los que le invocan, A todos los que le invocan de veras" (Salmos 145:18). Hoy el Espíritu Santo habita en nosotros. Jesús lo profetizó: "el Espíritu de verdad, al cual el mundo no puede recibir, porque no le ve, ni le conoce; pero vosotros le conocéis, porque mora con vosotros y estará en vosotros" (Juan 14:17).

Hoy, después que el Espíritu Santo vino y oficialmente dio comienzo a la iglesia, la omnipresencia de Dios tomó un lugar de gran significado en nosotros. En el pasado, bajo los términos del Antiguo Testamento, Jehová estaría peleando con Su pueblo desde afuera, como la palabras de Moisés lo dicen: "Esforzaos y cobrad ánimo; no temáis, ni tengáis miedo de ellos, porque Jehová tu Dios es el que va contigo; no te dejará, ni te desamparará" (Deuteronomio 31:6). Hoy, Cristo pelea desde dentro de nosotros, como está escrito: "Para lo cual también trabajo, luchando según la potencia de él, la cual actúa poderosamente *en mí*" (Col 1.29, énfasis mío). ¡Qué maravillosa presencia de Dios en nosotros!

¿Está Dios Buscando un Lugar dónde Habitar?

"Jehová está en su santo templo; Jehová tiene en el cielo su trono; Sus ojos ven, sus párpados examinan a los hijos de los hombres" –Salmos 11:4

Mucha gente en nuestros días está fascinada por "la presencia de Dios". Ellos piensan que hay un lugar específico donde ellos puedan sentir bonito. Algunos están buscando sentir bonito, pero no ser transformados. Sin embargo, estoy seguro de algo, donde pasa el Señor, hay siempre Su señal, y ésta es la transformación de vidas, así como el fuego causa un impacto en toda materia física, el fuego del Espíritu produce gente transformada.

El Salmo 11 fue escrito por David, un hombre que nunca vio un templo para el Señor erigido en Israel. El primer templo que hubo en la tierra para nuestro Dios lo construyó Salomón, su hijo, y esto después de su muerte. Por lo tanto, el lugar de adoración a Dios en aquel tiempo era el tabernáculo; el lugar donde también el Arca del Pacto fue colocada. Dios había dicho: "Y harán un santuario para mí, y habitaré en medio de ellos" (Éxodo 25:8), y este santuario era el tabernáculo en el desierto. Esta era una simple (pero muy costosa) tienda, que algunos calculan tenía un valor de entre 54 y 57 millones de dólares, la cual el Señor ordenó a Moisés construir en el desierto. Era este el lugar al que David se refiere.

Deducimos por este y otros pasajes que Dios ha hecho su habitación en tres niveles: Su templo, sobre el planeta, observando a todos los hombres y en el tercer cielo.

La oración de Jesús dice, "Padre nuestro que estás en los cielos..." (Mateo 6:9). Los cielos son el lugar primario donde Dios habita. Se puede decir que es el cuartel general de Dios el Padre. Jesús está a su lado, sentado con Él a Su mano derecha. Los cielos es el centro de Su santidad y perfección; los cielos es el lugar de donde Dios proviene. Jesús dijo; "El que de arriba viene, es sobre todos; el que es de la tierra, es terrenal, y cosas terrenales habla; el que viene del cielo, es sobre todos" (Juan 3:31). Jesús manifestó su origen, el cielo.

Sin embargo, aún los cielos es un lugar pequeño para Dios, porque está escrito también, "Pero ¿es verdad que Dios morará sobre la tierra? He aquí que los cielos, los cielos de los cielos, no te pueden contener, ¿cuánto menos esta casa que yo he edificado?" (1 Reyes 8:27).

El segundo lugar donde el Señor habita es la tierra, está escrito: "Jehová dijo así: El cielo es mi trono, y la tierra estrado de mis pies;" (Isaías 66:1). El Señor observa la tierra, y está buscando gente que quiera humillarse ante Él para bendecirle. "Porque los ojos de Jehová contemplan toda la tierra, para mostrar su poder a favor de los que tienen corazón perfecto para con él" (2 Crónicas 16:9). Un corazón perfecto es uno que se humilla ante Él y está dispuesto a obedecerle en todo. David tenía ese corazón, es por eso que el Señor testifica de él, "Quitado éste, les levantó por rey a David, de quien dio testimonio diciendo: He hallado a David hijo de Isaí, varón conforme a mi corazón, quien hará todo lo que yo quiero" (Hechos 13:22).

Dios nuestro Señor está buscando personas y cabalga sobre los cielos de los cielos, que son desde la antigüedad; y dará su voz, su poderosa voz (Sal. 68:33). Dios está siempre listo para bendecir a cada uno. Su voluntad es bendecir a cada ser humano. Él nunca negará cumplir Su palabra con ninguno que le cree, a quien ha tomado seriamente Sus dichos.

Finalmente, y esto es lo más maravilloso, que Dios mora en el creyente, en sus hijos. Cada uno que ha nacido de nuevo y que mantiene una vida santa ante Él a través de la fe en Cristo Jesús es convertido en la habitación de Dios. Mira lo que dice la Biblia en Juan 14:23, "El que tiene mis mandamientos, y los guarda, ése es el que me ama; y el que me ama, será amado por mi Padre, y yo le amaré, y me manifestaré a él". También dice: "para que habite Cristo por la fe en vuestros corazones…" (Efesios 3:17).

En el pasado, simbólicamente, Dios habitaba en el tabernáculo, hoy las cosas han cambiado y el símbolo ha dado lugar a lo real: Hoy, en los tiempos del Nuevo Testamento, Dios habita en un lugar aún más valioso que uno de 57 millones, se trata de aquellos que valemos la preciosa sangre de Cristo con la que fuimos comprados.

¿Está buscando Dios lugar en nuestros corazones? Si, Él quiere morar en nuestros corazones y ser Señor y Salvador de cada ser humano.

Hay una tremenda declaración de Dios en Proverbios: "Me regocijo en la parte habitable de su tierra; y mis delicias son con los hijos de los hombres" (Proverbios 8:31). Dios está buscando gente para regocijarse, y que pueda Él decir que son Su deleite. También leemos, "Para los santos que están en la tierra, Y para los íntegros, es toda mi complacencia" (Salmos 16:3). Mientras que al menos 2 mil demonios podrían habitar en un hato de cerdos (ver Marcos capítulo 5), el Señor mora en corazones limpios (Sal. 24:3-4); personas humildes ante Él obedecen fielmente a Su Palabra.

El diablo trata de imitar a Dios y se posesiona de gente. El diablo entra en una persona para controlarla y finalmente destruirla. Por el contrario, cada vez que el Señor entra en alguien después de que éste le invita, es para que él o ella desarrolle una vida maravillosa; una vida abundante y llena de satisfacción. Dios ama la vida humana; Él nunca llevará a la muerte a nadie. ¡El da vida! Nuestros días son días de salvación y abundancia de paz mostrada a través de Cristo Jesús.

Un día, el amoroso Dios se tornará un Dios airado y juzgará toda la humanidad. Sin embargo, nosotros viviremos con Él por siempre de acuerdo a Sus preciosas promesas. ¡Alabado sea el Señor!

Hombres Buscando al Dios Omnipresente

"Y de una sangre ha hecho todo el linaje de los hombres, para que habiten sobre toda la faz de la tierra; y les ha prefijado el orden de los tiempos, y los límites de su habitación; ^{27} para que busquen a Dios, si en alguna manera, palpando, puedan hallarle, aunque ciertamente no está lejos de cada uno de nosotros" – Hechos 17:26-27

Mientras que nosotros tenemos límites prefijados por Dios en cuanto a tiempo y las dispensaciones que viviríamos en esta tierra, nosotros fuimos creados para buscar a Dios. Dependiendo del tiempo en la historia, la gente ha buscado a Dios. El habló primero a Adán y Eva. El habló con Caín un poco. Luego, varios siglos más tarde, tuvo una amistad íntima con Enoc, y varias generaciones más tarde, yendo a través de la misma línea (Enoc-Jared-Matusalén-Lamec- Noé), tenemos que Enoc y Noé caminaron con Dios (Gn. 5:22 y Gn. 6:9). Luego pasaron 400 años hasta que Dios hablara de nuevo, esta vez con Abraham, aquel que Él llamó Su amigo. Esporádicamente Dios habló con Isaac y Jacob (el que luego re-nombró Israel). Más tarde Dios tuvo una intensa relación con un ser humano, Moisés, aproximadamente 325 años después de Abraham. El Señor se manifestó como Jehová y la oportunidad para muchos más verdaderos adoradores fue abierta. En alrededor de 1400 años, algunos hombres y mujeres tuvieron una amplia relación con Dios. Los nombres de Caleb, Josué, Rahab, Gedeón, Sansón, Samuel, David, Elías, Eliseo, Amós, Oseas, Isaías, Ezequiel, Jeremías, Hageo y otros fueron sobresalientes. No son mencionados muchos en la Biblia por nombre. Finalmente, Jesús vino y la revelación de la verdad de Dios fue develada a la humanidad entera y creció exponencialmente.

Miles de años, la humanidad estuvo buscando a Dios a tientas; tratando desesperadamente encontrar un poco de luz acerca de Él. Con los escritos de Moisés la revelación de Dios creció poderosamente, pero no fue sino hasta más de 2,600 años después de que la primera generación de seres humanos naciera, aunque esta revelación fue exclusiva para los judíos. Jesús era el proyecto de Dios. ¡Imagina! 4,000 años de oscuridad hasta que Cristo Jesús viniera finalmente a nosotros y al menos 2 siglos antes de que el evangelio fuera publicado en todo el mundo conocido. El evangelio llegó a América alrededor de 1400 años más tarde. Por lo tanto, la revelación de la verdad de Dios tomó aproximadamente 5,600 años para que la revelación del Evangelio fuera patente en los cinco continentes.

Hoy, el verdadero evangelio avanza día a día; y aunque en la historia haya sufrido serios ataques, por la gracia del Señor, continúa creciendo y creciendo. Mucha gente conmigo tiene fe de que viviremos aún los momentos más poderosos en la historia de la vida humana: el omnipresente Dios en cada comunidad del mundo. Nosotros lo haremos en el nombre de Cristo Jesús. Dios nos dice: "Ustedes lo pueden hacer" Esta es una infalible palabra del Señor.

Hay alrededor del mundo gente buscando el verdadero evangelio a tientas. Ellos quieren saber de Él, pero lamentablemente no tiene oportunidad. Una de esas personas podría ser tu propio vecino.

La gloria de Dios está en todas partes, por toda la tierra, aún en Tristán da Cunha, esa remota comunidad, porque hay gente buscando a Dios. Muchos de ellos no saben cómo conocerle todavía, ellos le buscan a tientas, pero *Él no está lejos de cada uno de ellos.*

EL DIOS INMUTABLE Y SU PALABRA

La vida está llena de mutaciones, hay cambios por dondequiera. Si tu quisieras encontrar tus amigos de la secundaria o preparatoria después de varios años, encontrarás muchas historias diferentes. Algunos pueden estar muertos, otros se volvieron drogadictos, otros están divorciados, otros emigraron a otros estados del país y aún otros al extranjero. Yo tengo un amigo que tuve en la universidad el cual frecuentemente hablaba del Señor Jesús, pero en aquel tiempo él rehusaba aceptarlo. A través de Facebook pude contactarlo de nuevo después de muchos años. Mi primer comentario fue: "Yo continúo siendo un seguidor de Jesús" y él contestó: "Gloria a Dios". Mi amigo había cambiado, él se había convertido en un gran cristiano y con el tiempo llegó a ser un pastor.

La vida está llena de mutaciones, temporadas, día y noche, traslaciones, rotaciones, y los planetas en movimiento. Los periódicos tienen cada día una nueva noticia que escribir. Los griegos querían escuchar a Pablo porque consideraban que ese hombre traería algo nuevo para escuchar y luego filosofar. El libro de Hechos registra, "(Porque todos los atenienses y los extranjeros residentes allí, en ninguna otra cosa se interesaban sino en decir o en oír algo nuevo)" [Hechos 17:21].

La sociedad está cambiando, los lenguajes están cambiando, aun nuestros cuerpos 100 años atrás eran distintos. Mail Online, el periódico en línea más popular del mundo, dice que las enfermedades cardiacas matan cerca de 250,000 británicos cada año, esto representa el 40% de todas las muertes, comparado con 14% en 1902. Hace cien años los huesos de los seres humanos eran más débiles y la esperanza de vida era 40 o 50 años en comparación de los 80 años o más hoy en día en Europa.

Globalmente, Dios produce cambios en la historia, la Biblia nos dice, "El muda los tiempos y las edades; quita reyes y pone reyes; da la sabiduría a los sabios, y a ciencia a los entendidos" (Daniel 2:21). Dios está detrás de los cambios más importantes de la historia, porque Su Palabra necesita tener cumplimiento.

Pero, aunque Dios produce cambios, Él es inmutable. Él nunca cambia, Él es siempre el mismo. Esto significa que Su palabra permanecerá por siempre. Está escrito, "Sécase la hierba, marchítese la flor; más la palabra del Dios nuestro permanece para siempre" (Isaías 40:8). Dios ordena, "No añadiréis a la palabra que yo os mando, ni disminuiréis de ella, para que guardéis los mandamientos de Jehová vuestro Dios que yo os ordeno" (Deuteronomio 4:3).

Algunas personas en la historia han cambiado el Santo Libro de Dios, y para ellos está reservado un terrible castigo de parte del Todopoderoso. Está escrito, "Yo testifico a todo aquel que oye las palabras de la profecía de este libro: Si alguno añadiere a estas cosas, Dios traerá sobre él las plagas que están escritas en este libro" (Apocalipsis 22:18-19).

Por el otro lado, mucha gente no lo nota, pero está cambiando la Palabra de Dios con sus actitudes y prácticas. Jesús denunció que los fariseos estaban invalidando la palabra de Dios por sus tradiciones, Él dice, "Porque Moisés dijo: Honra a tu padre y a tu madre; y; el que maldiga al padre o a la madre, muera irremisiblemente. ¹¹Pero vosotros decís: Basta que diga un hombre al padre o a la madre: Es Corbán (que quiere decir, mi ofrenda a Dios) todo aquello con que pudiera ayudarte, ¹² y no le dejáis hacer más por su padre o por su madre, ¹³ invalidando la palabra de Dios con vuestra tradición que habéis transmitido" (Marcos 7:10-13).

Cuando hablamos de la inmutabilidad de Dios estamos hablando principalmente acerca de la inmutabilidad de lo que Él ha dicho. Dios no tiene dos o más palabras. Es imposible que la Biblia se contradiga a sí misma, porque Dios es uno, por lo tanto, la Biblia es totalmente íntegra. Aunque la Biblia tenga 40 escritores que vivieron en diferentes tiempos y culturas, el autor es el Espíritu Santo. La Biblia es el libro más extraordinario en la historia porque es la Palabra de Dios. Está escrito, "Desde el principio tú fundaste la tierra, Y los cielos son obra de tus manos. ²⁶ Ellos perecerán, más tú permanecerás; Y todos ellos como una vestidura se envejecerán; Como un vestido los mudarás, y serán mudados; ²⁷Pero tú eres el mismo, Y tus años no se acabarán" (Salmos 102:25-27).

La Inmutable Identidad de Cristo

"Y les dijo: Vosotros sois de abajo, yo soy de arriba; vosotros sois de este mundo, yo no soy de este mundo" –Juan 8:23

Jesús no usó Sus facultades de Dios cuando tomó forma humana, como la Biblia lo expresa. Sin embargo, Él nunca negó Su identidad. Lo que soy es distinto a lo que me he limitado a mí mismo a usar. Jesús se limitó asimismo a las facultades de un mero ser humano. Él tomó una nueva naturaleza, la naturaleza humana. Después que Él nació en Belén, Él era humano y Dios al mismo tiempo. En esta sección veremos algunas de las declaraciones de Jesús acerca de Su identidad. La identidad de Cristo es inmutable. Él es absolutamente Dios.

Él dijo, "Yo soy de arriba". Ciertamente Él estaba en una

forma humana, pero Jesús nunca cesó de ser divino, Él era de arriba, de la misma naturaleza del Padre (Fil. 2:6; Heb. 1.3, etc.). Él siempre perteneció al Padre y el Padre siempre le perteneció a Él. El Padre siempre ha sido el primordial objeto de Su amor y en la misma medida, el Padre ama al Hijo desde la eternidad y es el primordial objeto de Su amor.

Jesús aprobó la declaración de Pedro, "Tú eres el Cristo, el Hijo del Dios viviente" (Mateo 16:16). Esta es la declaración más importante jamás expresada por labios humanos hasta ese entonces. El eternamente ungido por Dios es Jesús, Él Dios siempre vivo. Dios y Su Hijo existen fuera del tiempo. Esta es una existencia sin tiempo. Pedro estaba diciendo que la Palabra de Jesús era exactamente la misma Palabra de Dios. Pedro estaba diciendo que Jesús era igualmente digno de ser adorado que el Padre. Pedro estaba diciendo que cada vez que nosotros vemos en nombre de Dios en la Biblia Jesús está envuelto.

Un hombre joven vino a Jesús y le dijo: "Maestro bueno..." (Lucas 18:18). La respuesta de Jesús fue esta: "¿Porque me llamas bueno? Ninguno hay bueno sino sólo Dios" (Lucas 18:19). En otras palabras, "si tú me llamas bueno, ten cuidado, porque estás declarando que yo soy Dios, y esto es correcto". Jesús nunca negó Su identidad.

Jesús dice, "El que ama a padre o madre más que a mí, no es digno de mí; el que ama a hijo o hija más que a mí, no es digno de mí" (Mateo 10: 37). De esta manera, Él nos está ordenando amarlo a Él con el mismo amor que mostramos a Dios. Nunca existió un ser humano más radicar que Jesús, porque sólo Jesús es hombre y Dios al mismo tiempo.

En otra ocasión Jesús dijo, "Vosotros me llamáis Maestro, y Señor; y decís bien, porque lo soy" (Juan 13:13); sin embargo, mira lo que Jesús hizo en este pasaje, lavó los pies de los apóstoles. Su identidad aparentemente no correspondía con Sus acciones, pero Él nos mostró un mejor camino: el camino de la humildad; el camino del amor. Aun teniendo Jesús los atributos de Dios, Él no los usó, porque siempre quiso que nosotros viviéramos como Él. Él nos mostró que es posible seguir Su ejemplo a través de Él mismo en nosotros. Ahora Él vive en nosotros y nosotros estamos caminando como El por el poder del Espíritu Santo, el mismo poder que Él usó cuando caminó sobre esta tierra. ¡Gloria a Dios por siempre!

Las Obras Inmutables de Cristo

"Jesucristo es el mismo ayer, y hoy, y por los siglos" – *Hebreos 13:8*

El rol del trabajador que existió en el siglo 17 era distinto al de nuestros días (al menos en los países desarrollados). Un trabajador hoy puede usar un mínimo de esfuerzo físico para hacer las tareas de su trabajo, y esto es la demostración de cómo la naturaleza del trabajo ha cambiado constantemente en el mundo. Hace muchos años el hombre acostumbraba talar árboles con un hacha, pero hoy en día muchos usan sierras eléctricas. Una persona del siglo 17 jamás podría haber imaginado que siglos más tarde, a partir del siglo 20, habría quienes trabajaran moviendo una computadora y así ganarse la vida. Este es el caso, por ejemplo de los ingenieros de sistemas quienes trabajan creando software.

En el caso de Cristo esto es distinto; Él tiene ahora el mismo trabajo que tuvo cuando estuvo caminando sobre esta tierra. Él estaba ocupado cada día orando, sanando a los enfermos, limpiando a los leprosos, levantando a los muertos, echando fuera los demonios, predicando el evangelio y enseñando el reino de Dios. Examinemos más detenidamente algunas de las actividades de Cristo.

Las Escrituras dicen; "Y cuando llegó la noche, trajeron a él muchos endemoniados, y con la palabra echó fuera a los demonios, y sanó a todos los enfermos" (Mateo 8:16); "...le trajeron todos los que tenían enfermedades, y a los endemoniados" (Mateo 1:32); "Despedida la multitud, subió al monte a orar aparte; y cuando llegó la noche estaba allí solo" (Mateo 14:23); "En aquellos días él fue al monte a orar, y pasó la noche orando a Dios" (Lucas 6:12); "Y enseñaba de día en el templo; y de noche, saliendo, se estaba en el monte que se llama de los Olivos" (Lucas 21:37).

Jesús tuvo una vida de servicio y de oración. La Biblia no nos dice que Jesús leyera las Escrituras, Él es la Palabra Viviente. Sin embargo, Él había memorizado el Antiguo Testamento entero para pelear y vencer al diablo usándo. Él ayunó 40 días. Esta es la vida de Cristo.

Nosotros decimos que somos seguidores de Cristo. Ser un cristiano es ser un imitador de Cristo, tal y como un mahometano es un imitador de Mahoma. Un seguidor imita a su líder. Si alguien es un seguidor de un cantante, él o ella, se inscribirá en su club de fans, comprará su música, libros, marca de ropa etc. El seguidor piensa como su líder y hace lo que su líder hace.

Tal parece hoy en día que algunos seguidores de Cristo son sólo simpatizantes, pero no discípulos verdaderos. Está escrito, "El discípulo no es superior a su maestro, más todo el que fuere perfeccionado será como su maestro" (Lucas 6:40). Jesús dice que un verdadero discípulo se convierte en una copia de su maestro. ¿Somos realmente discípulos de Cristo?

Mira la iglesia primitiva en el libro de los Hechos. ¿Hicieron ellos lo que hacía Su maestro? ¿Tuvieron una vida de oración? ¿Sanaron ellos los enfermos? ¿Echaron fuera los demonios? ¿Sirvieron a otros? ¿Ayunaban? ¿Enseñaron las enseñanzas de Jesús? ¿Hicieron milagros? Las respuestas a estas preguntas las encontramos en pasajes tales como: Hch. 1:24; 2:42: 3:1; 4:2,18,31; 5:15,16,21,25,28; 6:1,2,4; 8:13; 10:30; 13:1-3; 14:23; 19:11-12; 20:35 y muchos otros. Los pasajes que responden a estas preguntas están prácticamente dondequiera en el libro de los Hechos.

Jesús dice unas palabras que para mí son las más sorprendentes dichas por Dios en la historia en relación con la capacidad de Sus hijos. Jesús dice: "De cierto, de cierto os digo: El que en mi cree, las obras que yo hago, él las hará también; y aún mayores hará, porque yo voy al Padre" (Juan 14:12). Jesús no tuvo tiempo para continuar trabajando en esta tierra, así, el trabajo de Dios debe ser continuado por la iglesia.

Por lo tanto, el Señor dice. "Pero yo os digo la verdad: Os conviene que yo me vaya; porque si no me fuese, el Consolador no vendría a vosotros; más si me fuere, os lo enviaré" (Juan 16:7). Cuando Jesús dejó esta tierra, el Espíritu Santo fue enviado y la iglesia tendría mucho más resultados en el mundo que Cristo Jesús mismo. Aún algunos hombres han hecho más obras que Él, cumpliendo lo que Él dijo. ¡Eso es maravilloso! Jesús está esperando que la iglesia tome en serio esta poderosa declaración. Tenemos más que tan sólo 3 años y medio para continuar haciendo el trabajo que Jesús empezó. Jesús es inmutable a través de la iglesia. Él nunca ha cesado de hacer Sus obras, ni cesará hasta que la iglesia deje esta tierra.

El Nuevo Pacto es Inmutable

"Por tanto, Jesús es hecho fiador de un mejor pacto. ^{23}Y los otros sacerdotes llegaron a ser muchos, debido a que por la muerte no podían continuar; ^{24}más éste, por cuanto permanece para siempre, tiene un sacerdocio inmutable; ^{25}por lo cual puede también salvar perpetuamente a los que por él se acercan a Dios, viviendo siempre para interceder por ellos" –Hebreos 7:22-25

Dios completó Su revelación espiritual a la humanidad con el libro de Apocalipsis. No tenemos más palabra escrita sino esta. En el libro de Apocalipsis el Señor nos dice lo que sucedería en los últimos tiempos. Esto no es para satisfacer nuestra curiosidad, sino para tener una seguridad acerca de la continuidad del Nuevo Pacto.

Ciertamente a través de la historia Dios estableció pactos con ciertos hombres claves en el Antiguo Testamento y finalmente, Él estableció un pacto con los hijos de Israel en el desierto. Sin embargo, estos pactos fueron establecidos como una mera preparación para el pacto inmutable, este es el establecido por Cristo Jesús, y es llamado, "El Nuevo Pacto".

El libro de Hebreos fue escrito para explicarnos la naturaleza de la transición del pacto de Dios con Moisés y el pueblo de Israel al Nuevo Pacto. Está escrito, "Al decir: Nuevo Pacto, ha dado por viejo al primero; y lo que se da por viejo y se envejece, está próximo a desaparecer" (Hebreos 8:13).

El pacto de Moisés consiste en las tablas de la ley (los Diez Mandamientos), los cuales son el corazón de la ley, la ley civil, las ceremonias religiosas y en general todo lo que Moisés escribió en el Pentateuco. Algunas referencias las encontramos en, por ejemplo, Lucas 2:22, en cuanto a la purificación; Juan 7:22-23, referentes a la circuncisión (aunque la circuncisión fue dada primero a Abraham); 1 Corintios 9:9, referente a las leyes civiles; Hebreos 9:1, referente a las ordenanzas del servicio y el santuario terrenal; y muchas otras.

La Biblia nos dice, "Y él estuvo allí con Jehová cuarenta días y cuarenta noches; no comió pan, ni bebió agua; y escribió en tablas las palabras del pacto, los Diez Mandamientos" (Éxodo 34:28). Entonces el corazón de la ley son los Diez Mandamientos, pero también dice Éxodo 15:25, "Allí les dio estatutos y ordenanzas, y allí los probó", esto fue cuando estuvieron en Mara. Mara está muy cerca del punto medio entre el Mar Rojo y el Monte Sinaí. Sin embargo, la mayoría de las leyes, ordenanzas y estatutos –incluyendo los Diez Mandamientos – fueron dados por Dios en el Monte Sinaí; por ello es que Pablo se refiere a la ley de Moisés como "el Pacto del Monte Sinaí". Está escrito, "Lo cual es una alegoría, pues estas mujeres son los dos pactos; el uno proviene del Monte Sinaí, el cual da hijos para esclavitud; éste es Agar. [25] Porque Agar es el monte Sinaí en

Arabia, pues ésta, junto con sus hijos, está en esclavitud. [26] Más la Jerusalén de arriba, la cual es madre de todos nosotros, es libre" (Gálatas 4:24-25). El pacto es referido a los Diez Mandamientos, no porque éste no incluya otras leyes, sino porque esto es lo más importante, como Deuteronomio lo dice: "Y él os anunció su pacto, el cual os mandó poner por obra; los Diez Mandamientos, y los escribió en dos tablas de piedra" (Deuteronomio 4:13). Y éste fue referido por Pablo en 2 Corintios cuando dice: "siendo manifiesto que sois carta de Cristo expedida por nosotros, escrita no con tinta, sino con el Espíritu del Dios vivo; no en tablas de piedra, sino en tablas de carne del corazón" (2 Corintios 3:3, ver también 1 Cor. 3:7,7), lo cual es referido al evento de Éxodo 24:1-18.

En el Siglo XII Maimonides en su libro "Sever Hamitzvot" (Libro de los Mandamientos) agrupó los mandamientos en 613 y hoy es llamado, "Las 613 Mitzvot" o los 613 mandamientos, y muchos de estos 613 mandamientos no tienen que ver con los Diez Mandamientos. Por ejemplo, "afligirse asimismo en Yom Kippur" (#94); "No harás mezcla de razas en los animales" (#236); "Una Kohen (sacerdote) debe lavar sus manos y pies antes del servicio" (#331) y muchos otros. Por ello, no podemos decir precisamente que los 613 mandamientos están resumidos en los Diez Mandamientos, pero los Diez Mandamientos son el corazón de la ley.

La ley de Moisés implica el Pacto del monte Sinaí, y muchas veces es simplemente llamada, "La Ley" y aún Pablo en 2 Corintios 3:13-14 lo llama "El Antiguo Pacto", y aún esto no se refiere, por supuesto, a todo el Antiguo Testamento, pero lo concerniente a la ley de Moisés.

Y hubo un pacto porque éste fue ratificado con sangre. Mira lo que la Biblia dice: "Y Moisés tomó la mitad de la sangre, y la puso en tazones, y esparció la otra mitad de la sangre sobre el altar. [7] Y tomó el libro del pacto, y lo leyó a oídos del pueblo, y el cual dijo: Haremos todas las cosas que Jehová ha dicho, y obedeceremos" (Éxodo 24:6-8). Esta es la referencia hecha por el autor de Hebreos (ver Heb. 9:18-20).

La ley de Moisés no fue solamente sacrificios de animales, porque éstos eran realizados antes de que los hijos de Israel salieran de Egipto (Ex. 10:24-25) y aún mucho tiempo atrás cuando vemos el primer sacrificio hecho por la primera familia y notablemente también por Abraham. Por lo tanto, aunque éste fue el culto al Señor más primitivo, la ley fue adherida debido a las transgresiones (Gal. 3:19), con el propósito de corregir y perfeccionar a los hijos de Israel. También, la Biblia dice: "conociendo esto, que la ley no fue dada para el justo, sino para los transgresores y desobedientes, para los impíos y pecadores, para los irreverentes y profanos, para los parricidas y matricidas, para los homicidas" (1 Timoteo 1:9). También, el Apóstol Pablo dice: "De manera que la ley ha sido nuestro ayo, para llevarnos a Cristo, a fin de que fuésemos justificados por la fe. 25 Pero venida la fe, ya no estamos bajo ayo," (Gálatas 3:24-25). En otras palabras, la ley nos ayudó a entender que no podemos satisfacer las demandas de Dios y que necesitamos un Redentor, un Salvador, necesitamos a Jesús.

Éste fue el pacto hecho por Dios con los Israelitas y Moisés en el Monte Sinaí, pero la Biblia dice que Israel invalidó Su pacto (Jer. 11:10) y Dios anunció uno nuevo (Jer. 31:33).

Jesús vino para un propósito dual. Número uno, para cumplir la ley, y, número dos, para establecer el Nuevo Pacto. Jesús no vino a este mundo para ser un adversario de la ley. Jesús amó y reverenció la ley de Moisés y vino para cumplirla. El pasaje de Mateo 5:17 dice: "No penséis que he venido para abrogar la ley o los profetas; no he venido para abrogar, sino para cumplir. 18 Porque de cierto os digo que hasta que pasen el cielo y la tierra, ni una jota ni una tilde pasará de la ley, hasta que todo se haya cumplido." Y esto no significa que estamos obligados a guardar perpetuamente la ley de Dios hecha con los israelitas en el desierto, pues esto sería una contradicción a muchos otros pasajes de la Biblia, pero más bien esto significa que Jesús vino para cumplir todas las demandas de la ley de Moisés, ya que ningún Israelita lo hizo antes. La ley de Moisés necesitaba ser cumplida en su totalidad. Podemos ver este hecho también en Gálatas 4:4-5, donde se lee: "Pero cuando vino el cumplimiento del tiempo, Dios envió a su Hijo, nacido de mujer y nacido bajo la ley, [5] para que redimiese a los que estaban bajo la ley, a fin de que recibiésemos la adopción de hijos". Jesús estuvo bajo la ley para que nosotros pudiéramos estar bajo la gracia, bajo Su ley, la ley de Jesús. Por esta razón, Jesús se convirtió en maldición, para que, cumplidas las demandas de la ley –en relación a las consecuencias de no obedecerla– pudiéramos así ser redimidos de la maldición de la ley. Está escrito: "Porque todos los que dependen de las obras de la ley están bajo maldición, pues escrito está: Maldito todo aquel que no permaneciere en todas las cosas escritas en el libro de la ley para hacerlas. [13] Cristo nos redimió de la maldición de la ley, hecho por nosotros maldición (porque está escrito: Maldito todo el que es colgado en un madero) [Gálatas 3:10,13].

Jesús abiertamente dijo que ni una jota ni una tilde (representando aún las marcas más pequeñas del escrito en hebreo) pasaría hasta que todo fuera cumplido. Consecuentemente, nada de la ley cayó a tierra hasta que hubo cumplido todo su propósito.

"Pero" algunos podrían conjeturar, "¿No dicen las escrituras que la ley no pasaría hasta que pasaran 'el cielo y la tierra'?" No, solamente nos muestra que sería "más fácil" que pasara el universo que la ley de Dios no cumpliera toda su misión (ver también Lucas 16:17).

El propósito de le ley de Moisés nunca fue venir en vano. Fue diseñada por Dios para ser un paso temporal antes de que Jesús viniera. Jesús es el fin de la ley, como está escrito: "porque el fin de la ley es Cristo, para justicia a todo aquel que cree" (Romanos 10:4).

Por otro lado, Jesús vino para inaugurar el Nuevo Pacto. Está escrito: "Porque él es nuestra paz, que de ambos pueblos hizo uno, derribando la pared intermedia de separación, ^{15}aboliendo en su carne la ley de los mandamientos expresados en ordenanzas, para crear en sí mismo de los dos un solo y nuevo hombre, haciendo la paz, ^{16}y mediante la cruz reconciliar con Dios a ambos en un solo cuerpo, matando en ella las enemistades" (Efesios 2:14-16). Después de que Jesús cumplió totalmente la ley de Moisés, Él, con Su muerte, la abolió para crear paz, para darnos el camino de un Nuevo Pacto. Como el autor de Hebreos lo dice: "Al decir: Nuevo Pacto, ha dado por viejo al primero; y lo que se da por viejo y se envejece, está próximo a desaparecer" (Hebreos 8:13).

La iglesia primitiva tenía un problema. Muchos gentiles habían creído en el evangelio y cierto sector de los judíos convertidos a Cristo quería que los gentiles también guardaran la ley de Moisés. En el capítulo 15 del libro de Hechos nosotros podemos ver esta situación. Los Apóstoles deliberaron sobre este asunto y concluyeron: "Porque ha parecido bien al Espíritu Santo, y a nosotros, no imponeros ninguna carga más que estas cosas necesarias: ^{29}que os abstengáis de lo sacrificado a los ídolos, de sangre, de ahogado y de fornicación; de las cuales cosas si os guardáis bien hacéis" (Hechos 15:28-19). Ellos no impusieron la ley de Moisés a los gentiles sino más bien, ellos dicen algo que parece ser una flexible sugerencia de cuatro puntos que se relacionan con el culto pagano que ellos solían practicar antes de su conversión a Cristo.

El Nuevo Pacto está basado en la fe, como lo explican Gálatas 3:2, 5, 10 y 17: El pacto de Abraham está basado en la fe y nosotros somos herederos de Su promesa (Gal. 3:29) y ahora estamos bajo la ley de Jesús (Gal. 6:2; 1 Cor. 9:21) la cual es obedecida a través del Espíritu Santo (Ro. 7:6, Ro. 8:12, 2 Cor. 3:3, 6, 17, etc.).

La Ley de Cristo es Para Siempre

"... más si quieres entrar en la vida, guarda los mandamientos" – Mateo 19:17

Cristo habló con un hombre que quería entrar en la vida antes de que Cristo muriera. En ese tiempo, entrar en la vida dependía exclusivamente de guardar los Diez Mandamientos. Por lo que Cristo repitió la palabra de Dios dada en Levítico 18:5 "Por tanto, guardaréis mis estatutos y mis ordenanzas, los cuales haciendo el hombre, vivirá en ellos. Yo Jehová". Más tarde el Apóstol Pablo lo repite en Romanos 10:5 y Gálatas 3:12. Sin embargo, está demostrado que nadie podría guardar la ley del Señor dada a Moisés. Este era el requerimiento para entrar en la vida, pero nadie podía cumplirlo hasta que Jesús vino, el único que cumplió la ley. Él necesitaba ser judío, como uno de sus nobles también dijo: "ni penséis que nos conviene que un hombre muera por el pueblo, y no que toda la nación perezca" (Juan 11:50). Por cierto, el pacto de la ley fue hecho con Moisés y los israelitas, no con los gentiles. Si alguien quería ser judío necesitaba ser circuncidado primero. Entonces, el Señor cumplió la ley enteramente para salvar a los israelitas primero, como Pablo lo explica en Gal. 4:4-5; y así, también los gentiles fueran salvos después de ser adoptados hijos de Dios.

Por lo tanto, Cristo es el fin de la ley (Ro. 10:4) y cuando Él murió, abolió completamente la ley de Moisés, como está perfectamente establecido en las Escrituras. Cuando el Señor murió, también nosotros morimos. Él tomó el pecado de la humanidad, pero también nosotros morimos con Él. Morimos a la ley. Está escrito: "Porque yo por la ley soy muerto para la ley, a fin de vivir para Dios" (Gal. 2:19), y también dice: "Así también vosotros, hermanos míos, habéis muerto a la ley mediante el cuerpo de Cristo, para que seáis de otro, del que resucitó de los muertos, a fin de que llevemos fruto para Dios" (Romanos 7:4). Cristo murió para que nosotros también muriéramos a la ley, a fin de que vivamos para Dios.

Bien hasta aquí, pero ¿Qué después? Cristo se levantó de la muerte, para que nosotros también resucitáramos con Él teniendo Su vida. Pertenecemos a Él y nosotros tomamos Su vida. Entonces, una nueva ley es establecida, no fuera de nosotros, pero dentro de nosotros, la ley de Cristo. ¿Cuál es la ley de Cristo? La ley de Cristo es el amor. Este amor también tiene mandamientos. Cristo también dice: "Si me amáis, guardad mis mandamientos" (Juan 14:15). "Y éste es su mandamiento: Que creamos en el nombre de su Hijo Jesucristo, y nos amemos unos a otros, como nos lo ha mandado" (1 Juan 3:23).

Antes de Cristo los judíos estaban obligados a guardar la ley. Ellos necesitaban guardar los mandamientos para ser salvos, pero la Biblia declara: "No hay justo, ni aún uno;" (Romanos 3:10), entonces también los gentiles, sin tener una ley, todos están bajo pecado, por la ley escrita en nuestra conciencia (Romanos 2:12-16). Por lo tanto Pablo concluye, ¿Qué, pues? ¿Somos nosotros mejores que ellos? En ninguna manera; pues ya hemos acusado a judíos y a gentiles, que todos están bajo pecado" (Romanos 3:9).

Luego, después de que nos arrepentimos y creemos en Cristo morimos al pecado, morimos a la ley y adquirimos una nueva naturaleza, la naturaleza de Cristo. La ley de Cristo es escrita en nuestros corazones (2 Cor. 3:2, Heb. 10:16; Jer. 31:33).

Como hijos de Dios, ¿vivimos sin ley o no? ¡No! ¡Desde luego que estamos bajo una ley! Estamos bajo la ley de Cristo. Como el Apóstol Pablo declara: "a los que están sin ley, como si yo estuviera sin ley (no estando yo sin ley de Dios, sino bajo la ley de Cristo), para ganar a los que están sin ley" (1 Corintios 9:21).

Sólo después de que morimos al pecado y a la ley, podemos empezar a vivir en el Nuevo Pacto, la ley de Cristo y la gracia de Dios es establecida en nosotros.

La ley de Cristo es más difícil que la ley de Moisés. Si alguien le dice "fatuo" a su vecino pero no lo mata, por ejemplo, él o ella estará guardando la ley de Moisés, pero no la ley de Cristo, porque Cristo dice: "Oísteis que fue dicho a los antiguos: No matarás; y cualquiera que matare será culpable de juicio.²² Pero yo os digo que cualquiera que se enoje contra su hermano, será culpable de juicio; y cualquiera que diga: Necio a su hermano, será culpable ante el concilio; y cualquiera que le diga: Fatuo, quedará expuesto al infierno de fuego" (Mateo 5:21-22).

La ley de Cristo es más dura que le ley de Moisés. Si alguien siendo casado, mira una revista pornográfica o pornografía por internet, pero físicamente no está con esa chica solera estará cumpliendo la ley de Moisés, pero no la ley de Cristo, pues Cristo dice: "Pero yo os digo que cualquiera que mira a una mujer para codiciarla, ya adulteró con ella en su corazón" (Mateo 5:28). Lo mismo aplica para los solteros y cuando se mira a una mujer que camine por la calle.

Para un religioso y una persona socialmente moral es aparentemente fácil obedecer la ley de Moisés, pero es totalmente imposible obedecer la ley de Cristo, porque la ley de Cristo sólo Cristo puede obedecerla. Necesitamos a Cristo viviendo dentro de nosotros para guardar su ley, y esto a través del poder del Espíritu Santo.

La ley de Dios es hermosísima. Está escrito: "¡Oh, cuánto amo yo tu ley! Todo el día es ella mi meditación" (Salmos 119:97). El hombre espiritual (o mujer espiritual) de deleita en la ley de Dios, la ley de Moisés y todas las palabras las palabras escritas de Dios. Ellas son para nuestro deleite, y tienen tanto valor como el resto de las Escrituras. Su registro y sus palabras nos traen fe y esperanza, nos enseñan la naturaleza de Dios, nos dan promesas de incalculable valor y nos hablan de Cristo por todas partes. Sin embargo, es vital entender el Nuevo Pacto y gracia de Dios primero para producir por el Espíritu Santo ese deleite y ese aprovechamiento. ¡Gracias a Dios por la verdad del evangelio! Estamos bajo la gracia y vivimos la ley de Cristo por el Espíritu. ¡Gloria a Dios!

Tal vez, una pregunta todavía esté en nuestras mentes. Si la Palabra de Dios permanece para siempre, entonces, ¿Por qué Él abolió y envejeció la ley de Moisés? La respuesta es esta: "Porque de tal manera amó Dios al mundo, que ha dado a su Hijo unigénito, para que todo aquel que en él cree, no se pierda, más tenga vida eterna" (Juan 3:16).

Si las cosas continuaran como antes de que Cristo viniera, nadie o en el mejor de los casos, sólo muy pocos, podrían ser salvos. Pero, ¡gracias sean a dadas a Dios! Jesús, el Hijo unigénito de Dios vino a este mundo para salvarnos. Dios estableció el Nuevo Pacto, pero esto no significa que Dios cambie o mude, por el contrario, esto significa que Dios nunca ha cambiado de parecer en cuanto a Su plan de salvación para la humanidad. El plan que Dios dio en Génesis 3:15 fue finalmente cumplido en Cristo.

Dios es absolutamente inmutable, Su carácter es inmutable y Su propósito nunca cambia. Su palabra permanecer para siempre, las promesas que Él nos ha dado tienen su cumplimiento a través de Cristo Jesús y por el poder e intervención del Espíritu Santo se hacen efectivas.

CONCLUSIONES

Este es un tiempo para adorar y adorar es actuar. Este es un tiempo para vivir con un fresco conocimiento de Dios y que éste sea la base de nuestra adoración y de nuestra profunda y cercana relación con Él.

A través de este libro hemos aprendido más acerca de nuestro absoluto Salvador; Jesús, la Puerta absoluta; el absoluto Dador de Vida; un Dios absolutamente Verdadero; Creador absoluto; absolutamente Eterno. El Cristo de toda Plenitud, El Todopoderoso. El Omnisciente; el Omnipresente y el Inmutable Dios. Hemos aprendido muchos pasajes de la Biblia para sustentar todas estas poderosas ideas. Sin embargo, Dios quiere tener un acercamiento personal contigo. Cuando tú oras con absoluta sinceridad, cuando tú crees la Palabra de Dios con absoluta fe, cuando tú obedeces al Señor con absoluta fidelidad, gratitud y amor, estás haciendo de Dios tu amigo personal, y es entonces que comenzarás a gozar la vida de Cristo verdaderamente.

No podemos ser verdaderos cristianos sin vivir en el poder del Espíritu Santo, sin tomar seriamente la decisión de cambiar hábitos de adoración y maneras de pensar. Los ojos del Señor están rodeando la tierra, ellos están buscando gente con una seria determinación para seguir a Jesús y servirle sin titubeos.

Si Dios es absoluto en relación al pecado y en relación a Sus enseñanzas, tenemos que ser también radicales y seguir con fuerza Sus ideas sin pensar siquiera en el costo: persecución, sufrimiento, angustia, negación propia. ¡Vamos! ¡Levántate y proclama la verdad del evangelio hoy mismo! ¡Vive como Jesús y piensa como Él!

El Señor es el Creador de cada célula en nuestros cuerpos y ha dado vida a nuestro espíritu a través de Jesús. Él es el hacedor de milagros hoy gracias a nuestra fe en Él y Su maravillosa presencia nos rodea y se contiene, fascinantemente, en nosotros.

Él es Absolutamente Dios y todo le pertenece, pero al mismo tiempo, todo nos pertenece a nosotros también y nosotros le pertenecemos a Él (1 Cor. 3:21-23); y cada día que caminamos a Su lado le hacemos más nuestro y nosotros nos hacemos más de Su propiedad. Es ahora el tiempo que seamos suyos por lo que Él es y ha sido. Es tiempo que centremos nuestra vida en Aquel que centró su atención en nosotros. El Dios absoluto es el origen de nuestra adoración y ésta consiste en abandonarnos para que Él nos tome. Abandonate y adórale con tu mente, con tus talentos, con tus manos, con tus labios y tus bienes. Reconóce Su gran valor, pues Él es el Dios absoluto ¡Dios te bendiga!

OTROS LIBROS PUBLICADOS POR EL MISMO AUTOR

Los Cinco Temas de la Oración de Cristo

Aprenda a orar de acuerdo al método de Cristo Jesús. Los discípulos del Señor fueron a Él para que les enseñara a orar y al revelar a ellos el secreto, nos lo revela también a todos nosotros. Santiago nos dice que la oración eficaz del justo puede mucho, pero, ¿cuál es esa oración eficaz? Descúbrala en este libro y fortalecerá muchísimo su vida devocional.

Las Raíces del Temor

¿Por qué tememos? ¿Cuáles son las raíces psicológicas y espirituales de los temores humanos? ¿Cuáles son los temores más comunes? ¿Cuál es la solución más practica? Éstas y muchas otras preguntas son respondidas en este libro compilado en más de diez años de investigación diligente. Descubra las respuestas sobre este tema tan actual en nuestro mundo de hoy.

Mi Mini-manual de Identidad en Cristo

Descubra las más poderosas ideas que se hayan escrito sobre lo que somos en Cristo en un libro breve y conciso. Somos salvos, sanos, santos, libres, fuertes, inteligentes, sabios, reyes, herededos, sacerdotes, administradores y vencedores. Este libro cambiará su vision acerca de lo que Dios dice de usted con ejemplos y argumentos que safisfarán su mente y espíritu.

Llamas que Atraen

Enriquezca su imaginación y refuerce su conocimiento con el mejor español del mundo al leer una novela que le hará reir, llorar y hasta en ocaciones estar en suspenso. Deleite su intelecto con un libro totalmente sano, escrito por un autor de conviciones cristianas profundas. La novela cuenta la historia de un joven librado de la muerte, Miguel, quien, aunque tuvo un encuentro con el Todopoderoso, luego se desvió por un sendero muy oscuro. Le interesará leer sobre su peor enemigo y las historias de amor que guiaron a todos los personajes.

Lit on Fire

This is the story of Michael, a street boy who became a powerful politician and Richard, a drug-addict who became a soldier in Vietnam's war. Although both Michael and Richard were Americans, they became in enemies because of love, a counterfeit love. This novel has a great message to share for the ones are just thinking about the pleasures of this world, people who not understand that we have an eternal destiny.

Mini Handbook of Identity in Christ

Although you may be able to finish this book in a few hours, you won't be able to forget what you've learned. Nobody can escape from God's calling from a second reading, and even after many re-readings, without implanting the entire truth of the Gospel contained in this book.

This book describes powerful ideas and practices of the Bible that characterize the new nature that every Christian has in Christ. It states that we are saved, healthy, holy, strong, free, intelligent, wise, kings, heirs, priests, administrators, and conquerors in Christ.

Evangelice con Dramas I

La serie "Evangelice con Dramas" llevará a todos a una experiencia inolvidable. No sólo por los preparativos y la presentación misma de la obra, sino por lo hermoso que es ver las almas entregadas al Señor. Las obras presentadas en la serie son atípicas en el sentido de que llevan al espectador a desear tener su propia experiencia con Jesucristo. Los salvos se gozan y los perdidos reciben el mensaje.

Evangelice con Dramas II

Torne su mundo a Dios usando una de las más poderosas estrategias conocidas. No sólo logrará que muchos vengan a las plantas del Señor, sino que involucrará a niños, jovenes y adultos en esta tarea tan sagrada. Los dramas escritos en este libro son obras de teatro profesionales que atraerán grandes auditorios y embelezarán a toda la familia, al dejar caer la semilla del precioso evangelio.

Evangelice con Dramas III

Este libro es la continuacion a dos previos, con dramas completos en tres temas principales: Navidad, Semana Santa y Misiones. La serie "Evangelice con Dramas" da la oportunidad de potencializar el talento de toda la iglesia, en tanto emociona su simple lectura particular. Los argumentos de cada historia han sido probados con gran éxito en grandes auditorios y no tienen limitaciones culturales.

www.ingramcontent.com/pod-product-compliance
Lightning Source LLC
Chambersburg PA
CBHW020655300426
44112CB00007B/383